從無我空到達解脫

佛法的終極目標，
乃是在於求得人生煩惱與痛苦的解脫，
而要達到這個目標，就必須修行

慧廣法師 著

目次

序言

佛法的終極目標，乃是在於求得人生煩惱與痛苦的解脫，而要達到這個目標，就必須修行了；因爲人生的煩惱與痛苦，是由自己錯誤的行爲造成的。所以只要能夠修正自己錯誤的行爲，並將導致我們產生這種錯誤行爲的原因消除掉，我們就能得到解脫。

解脫，乃是我們在活著時來達成，是此生此世的事。這已由教主釋迦佛陀的身教、言教，告訴了我們。可是，在目前的佛教界，能夠接受這種想法，敢於說要在現世達到解脫的，似乎不多。

這是什麼原因呢？十多年來，筆者常常在想這個問題，發現之所以會如此，實在是牽涉了很多因素，包括佛教的演變、環境的影響，以及修行方法的不合適……。

對台灣當前佛教有所瞭解的人，就會知道，一些佛教徒，幾乎已不知道要如何修行，只得人云亦云的趨向於念佛；少數的人從事參禪。顯教的修行，除了這兩項之外，已沒有了。但念佛、參禪而有成就的，又有幾個呢？似乎少得可憐。爲什麼會如此？是否修行方法有問題？一般佛教徒大多將之歸罪於：如今是末法時代，衆生根性低劣，業障深重——這在淨土宗的信徒是特別強調的。事實上，是否如此呢？其實，末法乃是人爲的，並非佛陀涅槃之後幾千年，就一定是末法時代，修行便不能成就。因爲在當前，修行有成就，當世就如佛陀般證得解脫的，在這世界上，仍然有，只是比較少而已。雖然比較少，卻已足以證明，在當前，修行還是可以有所成就的。那麼，修不成的原因，是什麼呢？大致上來說，是：

一、修行的人求證心不夠堅強。

多數認爲既有淨土宗的念佛，可以帶業往生淨土，那麼，自然可以在淨土中，慢慢的修成，何必急於一時呢？如此，就不會有如佛陀和原始佛教中的佛弟子，以及我國禪宗裡，必須求證解脫於現世的堅強意志了。

二、是環境的不適合修行用功。

佛陀在世時，出家比丘大多行必頭陀，住必阿蘭若，無牽無掛，自然容易專心修持，而今天的出家人，居住則以寺院爲主。寺院是地區信徒信仰之處，自然會有一些雜務，也不太可能安靜；修行要達到超凡入聖，解脫現有的妄想、煩惱、執著，實在不是小事，沒有時間專修，沒有安靜的環境配合，怎麼有可能？

三、最主要的，可能是修行的方法了。

世間是無常的，佛法存在世間，佛法也便是無常的，所以會隨著時代、環境、弘揚者而有所變化。因此，中國的佛教，在某些方面會不同於印度佛教；而韓國、日本的佛教，又會不同於中國、印度的佛教。經過了兩千五百多年的演變，當前的佛法，有些地方，已大異於佛陀在世時所說者，修行方法亦然，目前的念佛、參禪等方法，皆是歷代的祖師所說，而非釋迦牟尼佛住世時所說，這可以從《雜阿含經》

（佛陀在世所說的修行方法，大致在此經內），以及印、中佛教史中得到證明。

所以，爲什麼佛陀在世，乃至佛滅後一百餘年間的原始佛教期中，佛弟子修行容易成就，如今的我們，久修卻難得有成呢？問題乃在於方法。並不是說，如今的修行方法：參禪、念佛完全不正確，而是這些方法過於死板，缺乏應變，不知如何轉換。

以禪宗來說，是最可能呈現佛陀降生娑婆世界成佛的本懷的；禪宗的參禪，在原則上也符合了佛陀的修行。參禪亦即對問題的思惟、參究，這和佛陀成道前的思惟十二因緣，原則上是一樣的。看過釋迦牟尼佛傳記的人，都知道釋迦太子所以能成道，證得無上正等正覺，不在於他從外道仙人的修習禪定，也不在於他的六年苦行，而是當他覺知了外道禪定、苦行都非究竟，便捨棄了它們，獨自於內心的潛思參究，終於讓他發現導致人生生死由來的十二因緣，於是將此十二因緣還滅，生死便當下解脫，成就了佛果。試想，釋迦太子出家以後，如果只是一味的坐禪、苦行，內心不知針對問題潛思參究，恐怕修到老，也不可能成道的。所以，發現問題、解決問題，乃是修行的關鍵處，可以說，修行是不能離開參究的。這在禪宗，卻是最能把握，因此，禪宗的修行者，都必須參禪。

但是，禪宗的參禪，從元、明以來，內容已和佛陀未成道前的潛思研究，大大的不同，參禪變成了參究古人的公案，不再像佛陀那樣，參究與自己有切身關係的生、老、病、死、苦等問題。例如：有人問趙州禪師：「狗子有佛性否？」趙州答：「無！」就參究這個「無」；又有人問：「如何是佛？」有答「麻三斤」、「乾矢橛」、「庭前柏樹子」的，這些都是參究的對象。總之，參禪就是參究古代禪師和學人問答之中，難以用常識理解的言語，以便啓發參禪者的疑情。

清朝以後，禪宗衰敗，淨土宗勃興，幾乎所有的佛教徒，不管起初修什麼，最後都是念佛求生淨土，於是又變爲參：「念佛是誰？」雖然參究的對象有所不同，但皆強調要「離心意識」參，對公案不可用意識去思惟，凡用意識思惟所得到的答案，都是不對的，這和佛陀未成道前，多次的思惟參究十二因緣，其間的差別，真是太大了。當然，也不是說，禪宗的離心意識參不對。如果要從參究中獲得開悟，以至明心見性，都必須離了心意識才有可能。因此，離心意識，可以說是參禪的目標之一。問題是：長城不是一日就能造成的，陳義太高，接受得下的，有幾人？沒有方便，能直入究竟，畢竟是太少太少了。

所以，很多有志於禪宗的修行者，在這種情況下，參而不能入，又找不到其他進入禪的方法，只得退而修持念佛，寄希望於茫茫不可知的來世。可知禪宗這種參禪法，無形中，趕走了多少英才！

與禪宗對比之下，再來看《雜阿含經》所記載的佛陀住世時所開示的修行方法，將會覺得多麼親切。經中對於如何解脫煩惱痛苦，如何才能證得果位，以及佛陀本身如何修行，才證得正覺，皆作了說明；因此，都有理路可尋，讓人覺得，要得到解脫，要證得果位，並不是很困難的事。經中並記載：「有很多佛弟子，聽了佛陀開示之後，依著修行，不久就很自然的證得初果，乃至四果；解脫了三界束縛，生死自在，成爲阿羅漢。」而禪宗的參禪，則往往在理路不明之下，死衝硬闖，最後不得其門而入。兩相比較，優劣可見，畢竟佛陀的智慧與善巧，不是祖師所比得上的。

爲什麼佛陀在世時，佛弟子修行容易成就呢？根據《雜阿含經》的提示，修行者必須先明理，所以要先思惟參究。這思惟參究的對象，是和我們有切身關係的，例如《雜阿含經》開頭，佛陀告訴比丘：「要觀察色、受、想、行、識等五蘊，是無常、苦、空、非我的。」因此，對五蘊要生起厭離心，不可貪愛執著；能夠對五蘊不生貪愛，心就獲得瞭解脫，可以證得果位。相反的，如果不知道五蘊是無常、苦空非我，心裡就會對之貪愛執著，如此就會有苦惱，不能解脫。人，就是五蘊的組合，由五蘊的組合而有我，但佛陀卻要我們觀察五蘊非我，豈不引起我們的驚訝與興趣？自然會加以思惟參究。而禪宗的參公案，參究一些古代禪師的語言，與自己並無切身關係，這如何能引起參禪者的興趣呢?而且，佛陀要人參究的，是有理路，允許意識思惟的運作，不像禪宗的離心意識參。離心意識，如何參呢?真是高高在上，無門可入，無路可走，實在不是一般普通人接受得下的。

本書的寫作，便是有感於此，希望能將修行的理路解說清楚，讓有志於追隨佛陀的本懷，求解脫於現世的人，有所依循。

文中從「無我」的研究開始，因爲無我乃是解脫的入門，修行如果不能達到無我，而要獲得解脫，那是不可能的，這在《雜阿含經》裡已經說得很清楚。何以「無我」呢?不但理上要瞭解，事上也要能達到。所以，無我的道理已經瞭解了，還必須從事於事上的修行，以去除對我的執著。等到事與理脗合，理事皆「無我」了，也就是「空」；空，便是解脫。但解脫有事解脫和理解脫，事解脫並不究竟，必須達到理解脫——「明心見性」才行。如何明心見性?文中皆有說明。從思想方面來說，本文的思想，包含了原始佛教、大乘佛教的般若、唯識、如來藏等，並旁及禪學。

七十四年五月於六龜
本書定稿時

上篇　無我的研究

第一章　引言

人，究竟有沒有「我」呢？佛經中是說「無我」的。佛陀不可能妄語，人無我應該是不會錯的。

可是，擺在眼前的現象，卻不免令人產生懷疑。試問：如果人無我，人怎麼能說話、吃飯，以及有一切的活動？這是誰──什麼東西在主使？我，就是主宰者，如果人無我，身心等器官便沒有主使者，人就應該像枯木或石頭才對。但是，事實卻不然，我們是活生生的人，生時如此，死後也不能安息，尚有輪迴與報應。如果人無我，那麼，人死應該就如燈滅，一了百了，又會有誰去受輪迴報應？可見，人應該是有我？

這是站在凡夫的立場，所觀察到的人生，認為人是有我的。如此，究竟是凡人所觀察到的正確，還是佛陀所說的正確呢？現在，我們就來研究：人，是否有「我」？

第二章 我的定義

首先，必須明白「我」的意含——也就是我的定義是什麼？然後，才能正確的研究出：人是否有我。

我，是什麼呢？《成唯識論》說：「我謂主宰。」①主宰含有兩種意義：主是自己能夠作主，具有自由和自在的能力；宰是宰割，表示能夠支配和統治屬於自己的一切。這就是「主宰」兩字的內容。

如果再進一步推究下去，就會發現：能有主宰作用的東西，它本身必須是常住、永恆不變的，否則，如果本身是無常，隨時都在變化，它又如何作得了主？作不了主，又如何能有自由和自在呢？而主宰者本身也必須是獨立的個體。因爲，如果不是獨立的，必然會受到其他因素的影響和牽連，因而受其左右，如此，又怎麼能夠作主？能夠發揮主宰的作用呢？

所以，能夠被稱爲我的，就必須具有「常一之體，主宰之用」②，而這，也就是「我」的定義了。

①見《大正藏》三十一冊一頁上。

②見《佛學大辭典》卷下二一一五六頁，新文豐公司版。

第三章　人是什麼

明白了「我」的定義，還要再來瞭解人是什麼？也就是說：人，究竟是包括了什麼？然後，才能探究出，在「人」之中是否有我？

人，是什麼？包括了那些東西呢？首先，我們可以看到的是：每個人都有一個身體，這個身體是由物質所組成，物質在佛學的專用名詞上，就叫做「色」。

人，除了有物質的身體之外，還有什麼呢？爲什麼我們會知道有此身體？因爲身體是有形色的，眼睛能夠看到的緣故。但是，只有眼睛看到，內心沒有感覺，或者說：內心不接受眼睛所看到的，我們也沒有辦法知道有身體呀？所以，從此又可以推究出：人，除了身體之外，還有感受，這「感受」在佛學上就簡稱之爲「受」。

雖然，人有感受，才能夠知道有身體，但，感受只是使我們止於知道有身體而已。可是，我們不只知道人有身體，還知道我的身體高、你的身體矮；是胖、是瘦；是黃顏色、白顏色，無不清楚了然，爲什麼會知道的如此清楚呢？原來，是我們的頭腦會思想呀。當我們眼睛看到身體，內心跟著感受之後，頭腦便開始對所看到、所感受到的加以思考，難怪我們會知道的如此清楚。這「思想」在佛學上簡稱爲「想」。

那麼，我們爲什麼會想呢？原來是頭腦（或稱為心）會產生活動的作用，頭腦本身是物質，表面上看來，是靜止的，但內裡的作用卻是活動的，隨時皆變化不停，所以能思考慮想。這頭腦產生的「活動」作用，佛學上就叫做「行」。

因爲有行，所以才能想，由想而能知道所感受到的色身。但是，這樣還不可以的，必須還有個「知道」行、想、受、色的東西，否則的話，色受想行有也等於無了，在人的主觀上是不可能存在的。這個「知道」色、受、想、行的東西，一般人就叫作心，在佛教裡被稱爲「識」，和前面的色、受、想、行合起來就是「五蘊」，又叫五陰。

蘊是積集的意思，乃表示色、受、想、行、識，個個都由各種因素聚集會合在一起才有的；陰則是蔭覆，表示色、受、想、行、識能蔭覆人的本性或真理。所謂人，就是由色、受、想、行、識等五蘊組合而成；分開而言，人也就是色、受、想、行、識了。

第四章　無我——肯定人無我

從前面的分析中，大概已經可以知道，在「人」之中不可能有我。因爲我是主宰，必須具有常一之體才行；然而，人卻是由色、受、想、行、識等五蘊所組成，已不是獨立之體了。五蘊中個個又都是依靠各種因緣和合才有的，因緣和合而有，必然會受到因緣的左右，隨著因緣而生，隨著因緣而滅，五蘊都不可能是常住、永恆不變的。

同時，人由五蘊所組成，如果硬要說：人有我，那麼，是五蘊中的那一蘊是我？色是我呢？受是我呢？還是想、行、識是我呢？而色中是否有我？受、想、行、識當中是否有我呢？爲了能更加瞭解五蘊當中無我，現在就將五蘊各別加以分析。

第一節　色不是我

爲什麼說：色——人的身體不是我呢？因爲——

一、我們都知道，人的身體是由母親所生，出生以後，不斷的長大，從嬰兒、童年、壯年以至老年，身體隨時都在變遷，它是無常的。爲什麼會無常呢？《雜阿含經》說：「色無我，無我者則無常。」①所以，無常的必然是無我；反之，無我的才能無常，如果有我，應當是恆常不變了。這是從身體的無常變化，推知身體不是我。

二、每個人的身體，最後都免不了一死。如果身體是我，我是主宰，相信任何人都不想死，那麼，我就可以主使這個身體，要它不生病也不死，永遠的活著；可是，卻做不到，爲什麼做不到呢？因爲身體不是我，「色非是我，若色是我者，不應於色病苦生，亦不應於色欲令如是，不令如是；以色無我故，於色有病、有苦生，亦得於色欲令如是，不令如是。」②可見身體不可能是我。

三、從表面上看來，身體是單一的個體，但在實際上，卻非如此，它是由四種元素：堅固的物質（地）、濕性的物質（水）、熱性的物質（火）、流動的物質（風）所組成，合之爲一身體，分解後便成四種元素。如果身體是我，我是常一的，何必由四種元素來組成呢？反之，由地、水、火、風四種元素所組成的身體，也就不可能是常一的我了。

四、不但可以從內在組合方面，將身體分成四種元素，還可以從外在方面，將身體分成多樣。譬如：把頭砍下來，將兩隻手割下，兩條腿也切開，如此，身體便成了一個頭、兩隻手、兩條腿和一個胸肚，如果身體是我，試問：頭是我呢？手是我呢？或腿、胸肚是我呢？而我是恆常獨立的，又怎能被如此的分割？可見身體不是我。

五、再說：如果身體是我，只要身體完完整整的存在著，應該就能活動自如。可是，爲什麼當人死了，身體仍然完好，和活著時一樣，卻何以不能活動呢？因此，身體不可能是我。

六、最後要說的是：身體的存在，只是暫時的，最久百年，人終必死，死後身體便腐爛，化爲塵土了。如此，身體怎麼有可能是恆常不變的我呢？所以，可以肯定的說：身體絕對不是我。

從上述六項的分析，身體不是我，應該不會再有懷疑了。

第二節　受不是我

那麼，受呢？受是不是我？

只要稍微觀察一下，我們就可以發現：感受必須藉著媒介和對象才能產生，亦即以六根（眼、耳、鼻、舌、身、意）爲媒介，六境（色、聲、香、味、觸、法）爲對象，當六根接觸到六境時，生起了六識的了別，在識的了知分別之下，從而產生苦、樂和介於苦樂之間的平庸現象，《雜阿含經》說：「譬如兩手和合相對作聲，如是緣眼、色生眼識，三事和合觸，觸俱生受、想、思。」③

所以，受是在根、境、識三事和合接觸時才產生的，如果根、境、識不接觸，又那裡有受呢？就是在有了受之後，受又能存在多久呢？一旦根、境、識分開，受也就消失了，隨因緣生的，終必隨因緣而滅，如此短暫的存在的受，怎麼可能是常住、獨一的我呢？

所以，受不是我。

第三節　想不是我

思想最容易讓人感覺到我的存在，因此，西洋哲學家笛卡兒有「我思，故我在」之言，以人的能思想來肯定人的存在。

那麼，思想是不是我呢？無疑的，思想是隨著感受而有的，「……三事和合觸，觸俱生受、想、思。」有感受然後才有思想，如果離開了能感受的六根，和所感受的六境，試問：又如何有想呢？或者，沒有想的對象——色、聲、香、味、觸、法等六境，縱有腦筋，又從何想起呢？就是有可想的對象，如果沒有能想的腦筋，思想也沒有辦法產生。由此可見想也是因緣和合才有的，如果因緣不和合，思想根本不存在，自然也就不必問，思想是不是我了！

第四節　行不是我

行，就是指由心（頭腦）所生出來的行爲，也就是心的造作，所以《俱舍論》說：「行名造作。」④佛經中常談到「業」，行便是業的造作者，由行而有業，因此，行也可以說就是業，《俱舍光記》說：「造作名業。」⑤不同的是：業有身業、口業、意業，行則專指意業，同時是正在造作，有流動相可感覺到的。如果造作完了，可以確定爲善惡的，則已屬於業的範圍，不在行之中了。

那麼，行是不是我呢？從根本上來看，行是不存在的。行的產生，也是當六根接觸了六境，產生了六識，根境識和合而有感受，再由感受起想，從想而有行。也就是說：依想才產生心的造作，如果沒有想，行就不可能產生。

總之，行是以六根、六境、六識、感受，思想爲因緣，因緣和合才有行的生起。而不同的因緣，便行（形）成了不同的果實，就像唯識學所說：凡人心中，會生起十一個善的行爲，二十六個煩惱（惡）的行爲，和四個不定善惡的行爲⑥。這些心念行爲都是從不同的因緣而生起的，如果離去了使行產生的因緣，那裡還會有這些行爲呢？所以，行也和受、想一樣，隨因緣和合而生，隨因緣離散而滅，行不可能是我。

第五節　識不是我

經過前面的分析，否定了色、受、想、行是我的可能性，如今，只剩下識了。在「人是什麼」一節中，曾經分析過，人是由色、受、想、行、識這五蘊所組成，色、受、想、行皆不能離識而存在，如果沒有識，色、受、想、行這四蘊根本不能存在，佛法中亦以識爲人的主持者。因此，有時候，識便被稱爲「心」，或者加上「意」，稱爲意識⑦，全稱則是心意識⑧。

其實，心、意、識各有它不同的地方，都各有所司、各負責著不同的工作。而識本身又分爲六個部份：眼識、耳識、鼻識、舌識、身識、意識。這六識的工作又各有不同：眼識是以眼根爲所依而產生的，主要的功能是當眼睛看到色境時，加以了別色的形狀和顏色，以及好壞等等，《三藏法數》說：「眼根由對色塵，即生其識，此識生時，但能見色，是名眼識。」⑨耳識則是當耳根接觸聲境時，生起以了別各種聲音，鼻識了別香境，舌識了別味境，身識了別觸境，意識了別法境。這是六識所司的各別不同的工作，其中相同的是：六識都不離六根，《成唯識論》說：「眼識乃至意識，隨根立名。」⑩同時，其性質也都是一樣的，都以「了境爲自性。」⑪

在六識當中，又以意識爲主，前五識必須經過意識的作意，才能發生作用。舉個例子來說：前五識如樹的枝葉，第六識則是樹身，沒有樹身，就不可能有枝葉，可見第六意識在五識當中的重要性。意識也就是意根接觸到法塵時所產生的識。那麼，「意」是什麼呢？是衆生心的功用之一，《俱舍論》說：「集起故名心，思量故名意，了別故名識；心、意、識三名，所詮義雖異，而體是一如。」⑫這表示心意識都是同體的，因爲一體而有三個不同的功用，才將之區分爲三。

意的功用便是「思量」，也就是對六識所了別的法，產生念慮，而判定法的優劣、善惡，或對我有益、無益等等，從而生出見解，主張某些法該排斥，某些法該接受，進而指使本身——意和身口造作出善的行爲或惡的行爲，並因此導致自己感受快樂、高興或煩惱、痛苦。總之，意具有思考、辨別、判斷、分析、指揮等作用；識雖能瞭解一切，但只限於瞭解明白，瞭解明白之後，要如何，便不是它的職責，這工作就落在「意」了。意恰如指揮官，人的身心一切都是在它指揮之下而活動，沒有意，人雖然仍能活動，但將會漫無秩序，不能有所作爲。

在此，識不是我，已經很清楚了。因爲，識共有六部份，我是常住獨一的，怎麼有可能被分爲六部份呢？而且，六識皆各有所生：眼識是眼根接觸到色境時所生，耳識是耳根接觸聲境時所生，鼻識是鼻根接觸香境時所生，舌識是舌根接觸味境時所生，身識是身根接觸觸境時所生，意識是意根接觸法境時所生，《大乘義章》說：「六根者，對色名眼，乃至第六對法名意，此之六能生六識，故名為根。」⑬

可見識也是和行、想、受、色一樣，同是根、境、觸三事和合所產生的，如果根境觸不和合，識根本就不存在。如此，識怎麼有可能是我呢？

第六節　意不是我

那麼，「意」應該是我了？我們來研究看看，意能不能是我？

意的特性便是思量，「思量故名意」⑭，也就是說：思量者本身便是意，離開了思量，也就沒有意的存在。

爲什麼會有思量呢？仔細的觀察起來，就會發現，思量的產生，必須有個對象，不然，要思量什麼呢？思量的產生，乃是當有個東西闖入了我們心中，而我們不知道如何是好，所以心中才念想著那物，對之思考、辨別、判斷。闖入我們心中的東西，也就是六境之影，當它們經過六根門頭時，因爲六根猶如全天候開放的自動攝影機，所以六境便攝入了心中，經六識的了別成爲法塵（又稱落謝影子）。因爲識只是在於瞭解和分別法，卻不知那法對我的身心是有害或有益，而凡人都是有我執的，不是執著身心是我，也會認爲身心是我的。身心是我或我的，自然要加以好好保護了，所以對闖入了我們心中的東西，就要加以思量，如果是對我有益的，就接受它；對我無益有害的，就要驅除它，這就是思量——意產生的緣由。

如此，意豈不是也和識、行、想、受、色一樣，也是因緣和合才產生的？如果沒有六境、六根、六識，也就沒有法塵，沒有法塵在心中，作爲思量的對象，意不就沒有了嗎？

所以，意根本上是不存在的，隨因緣而生，隨因緣而滅的意，自然不可能是具有常一之體的我了。

第七節　心不是我

看來，似乎只有「心」才是我了。心，是不是我呢？我們再來研究看看。

我們爲什麼知道有心的存在？不可否認的，乃是靠著我們的感覺（受）、思想（想）、內在的行動（行）、了知（識）和思量的作用（意），才知道我們有個心。無疑的，這只是一種假定，實際上，我們是否有個心呢？還是大有問題的。

就一般人來說，你如果問他：心在那裡？什麼是心？他會指著心臟說：心臟是心。不然，就是以頭腦爲心，再不然，便是以他的能感受、能思想、有感情、能知道一切、能思考一切的是心。但是，在我們的學佛的人或研究過佛法的人，就知道那不過只是五蘊，而五蘊都是隨因緣和合才有的，因緣離散便消失了，怎麼有可能是心呢？

反過來說，我們所以認爲我們有個心，便是靠著五蘊的作用才知道的，而五蘊所認識的是否可靠呢？因爲五蘊本身並不是實在的，它們只是一種虛幻、暫時的存在。因果是不異的，如是因必得如是果：「種瓜得瓜，種豆得豆」，這是宇宙間不變的規律；以虛幻的五蘊所認識到的心，有可能是「實在」的嗎？這就如凡夫以五蘊來認識，而以爲五蘊就是心，但是我們學佛的人，用智慧分析之下，就知道五蘊是虛幻的，不可能是心。

然而，我們學佛的人，往往又會以爲：離開了五蘊，別有心的存在。其實，這有可能嗎？以爲五蘊是心的，是我們五蘊的感覺，等到發現五蘊不是心，而以爲五蘊之外，別有心的存在的，還是五蘊的感覺。

由此可見，心是不離五蘊範圍的，是由五蘊所假定出來的。只是一個假定而已。然而，我們往往不知道「心」只是一個假定的存在，因爲我們還未發覺我們的認識有問題，總以爲自己的認識都是對的。所以，必須經過分析、研究與論證，真相才能顯現出來。

總之，五蘊——色、受、想、行、識（意）既然都不是心，那麼，離開了五蘊，五蘊之外也就沒有心的存在了。因爲，認爲五蘊之外別有心的存在，只是五蘊認識上的錯覺；如果沒有五蘊的感覺與認識，我們如何知道有心的存在呢？

因此，所謂的心，是不離五蘊的。五蘊既然是虛幻不實的，心當然也是虛幻不實的，只是個假名，離開了色、受、行、識、意，便空空無所有——什麼也沒有了，那裡有個心呢？所以，《正法經》說：「是心如幻，如水月陽焰。」⑮《華手經》說：「心空如幻，念念生滅。」⑯《度世品經》說：「心無所有，而不可見。」⑰可知，根本上就沒有「心」的存在，又如何來說心是我呢？

①見《大正藏》第二冊十九頁下。

②見《大正藏》第二冊七頁下。
③見《大正藏》二冊七十二頁下。
④見《大正藏》二十九冊四頁上。
⑤見《大正藏》四十一冊二〇〇頁中。
⑥即心所法中十一善法，二十六煩惱法和四不定法，見《大乘百法明門論》，《大正藏》一冊八五五頁中。
⑦《增一阿含》二九卷有：「眼識、耳識、鼻識、舌識、身識、意識，是謂比丘，此名六識身。」見《大正藏》二冊七一〇頁中。
⑧《雜阿含》三九卷有：「我已離彼欲，心意識亦滅。」見《大正藏》二冊二八五頁上；《中阿含》卷三有：「彼心意識，當為信所熏。」見《大正藏》一冊四四〇頁下，其他尚有多種經談及心意識，不例舉了。
⑨見該書廿一。
⑩見《大正藏》三十一冊二十六頁上。
⑪見《大正藏》三十一冊二十六頁中：「識以了境為自性故。」

⑫見《大正藏》二十九冊二十一頁下。

⑬見《大正藏》四十四冊五五頁中。

⑭見《俱舍論》，《大正藏》二十九冊二十一頁下。

⑮見《大正藏》十一冊八一三頁中。

⑯見《大正藏》十六冊一四一頁上。

⑰見《大正藏》十冊六四一頁上。

第五章　業力與因緣

經過了前面幾節的分析，在五蘊：色、受、想、行、意識、心當中，都找不到我的存在，人無我，已經獲得了肯定。

佛經中雖然也說到我，像每部經開頭，皆冠上「如是我聞」，但那不過是一種方便言說，並非表示人真有我，《大智度論》說：「佛弟子輩雖知無我，隨俗法說，我非實我也。」①因此，佛經中所談到的我，以及五蘊、衆生、心……等等，都是爲了度化衆生，隨順世俗的方便言說，並不是真有其物，《大智度論》三十八卷說：「佛法中有二諦：一者世諦，二者第一義諦，為世諦故說有眾生，為第一義諦故說眾生無所有。」②

可是，既然人無我，身心便無主宰者，爲什麼人會活動呢？仔細觀察起來，原來是「業力」和「因緣」在作用。人雖然無我，但是在因緣會合，業力所推之下，身心卻能夠有一切的活動。

那麼，因緣與業力是什麼呢？世間是有條件的，任何一個東西的存在，都必須具足它存在的條件。主要的條件就是因，次要的就叫做緣了。《止觀輔行》說：「親生爲因，疏助爲緣。」③一件事情的完成，除了要有因之外，還要有多種的緣來助成，所以，「緣」有四緣之説，而「因」也有六因之説④。

只是，這樣的解釋，似乎還不能瞭解因緣是什麼，尤其是，因緣爲什麼會和合，使我們身心產生活動？我們已經知道，世間一切法皆因緣所生，是無自性、虛幻而不實在的；那麼，因緣呢？同樣也是無自性、虛幻的，《雜阿含經》說：「色無常，若因、若緣生諸色者，彼亦無常。」⑤由於因和緣都是無常、沒有自性的，才能會合以產生諸法，如果因和緣是有自性、常住不變的，就不可能有所活動，也就不能會合以產生諸法。無自性的便是根本上不存在的；無常的便是表示自己不能作主。

如此，本來不存在——沒有的因緣，怎麼會有呢？有了之後，又是什麼在推動著它呢？原來，是一種無形的業力。業，就是造作，在造作之下，就會產生一股力量，以推動因緣的產生會合和離散，正如火車頭水蒸氣的蒸發，可以產生力量，能夠拉動一列列的車廂。

那麼，業力又是怎麼產生的呢？乃是靠著心中的「意」生起思量，由思起想，便有了行（造作），也就有了意業，然後再由意業發動身口的活動。但是，衆生心中的意，又爲什麼會生起思量呢？前面曾經談過，思量必須有對象爲所緣，否則思量沒有辦法產生的。思量的對象便是「法」和「念」。法是從五根門頭所攝入的五種外境之影，念則是從但有假名，實際上是空空——無所有的心中浮現出來的；人心雖然是空，卻不時會有念頭從中浮出。因爲，人們五根不時的接觸到五境，五境便不時的被攝入，心中時常有法的存在；同時，也時常有念頭的浮出，人們心中隨時都有法和念，也就有思量的對象。所以，意常起思量，由思起行——造作，而有業力，於是，業力便推動著五蘊。

因此，人雖然無我，卻會有一切的活動，正如一台機器，有各種零件、齒輪、馬達，只要插上電源，機器便活動起來，照著我們的意思，去做著工作。這機器當中並沒有「我」的存在；人也是一樣，由於業力與因緣的關係，而有一切的活動，其中並沒有我的存在。

或許，有人會說：身心既然不是我，那麼，身心是我的——我所有的，應該不會錯吧？其實，這也是不對的。因爲，既然已無我，我尚無有，怎能還有我的——我所有的呢？舉個例子來說：我如燈，我所有的如燈之光，或燈光所照到的東西，沒有我，就是沒有燈了；沒有燈，那裡還有燈光或燈光所照到的東西呢？所以《雜阿含經》說：「無有吾我，亦復無我所；我既非當有，我所何由生？」⑥《中論．觀法品》也說：「若無有我者，何得有我所？」⑦

如果一定要問：人的身心是誰的？只能說是業和因緣的；從業力所生，由因緣形成。

①見《大正藏》二十五冊六十四頁上。
②見《大正藏》一十五冊三三六頁中。
③見《大正藏》四十六冊一六三頁中。

④四緣即因緣、次第緣、所緣緣、增上緣；六因即：能作因、俱有因、同類因、相應因、遍行因、異熟因。見《俱舍論》卷六，《大正藏》二十九冊三十頁上。

⑤見《大正藏》二冊十一頁上。

⑥見《大正藏》二冊十六頁下。

⑦見《大正藏》三十冊二十三頁下。

第六章　誰受輪迴與報應

可是，人的三世輪迴，因果報應，又如何解釋呢？既然已經證明了人無我，同時，身體和精神也非我所有的，那麼，卻是誰——什麼去受輪迴報應？原來，去受輪迴的，只是精神和身體，《那先比丘經》說：「王問那先：『人死後，誰於後世生者？』那先言：『名與色於後世生。』」①

爲什麼會如此呢？乃是因爲凡夫不知無我，執著五蘊爲我，於是爲我而造作了種種善惡業；更以心靈的無明，不知業是虛妄不實的，而把業當作實在，於是執著而堆藏在心裡，當因緣會合之下，業和無明便又推動創造了精神和身體。

所以，只要有業，人的生命就會繼續下去，一期業報盡了，就是死。但死的是前生的業報所報應來的身體，前生的業或許在此身中已消完，但此身卻又去造作了許多業，所以此身雖死而業卻存在，於是業便又去感生了名與色。業便是十二因緣當中的「識」，識就是由業所形成，所以稱爲「業識」。因此，由業而有名色，由名色而六入、觸、受、愛、取、有——一期的生命就又生出來了。善業造成善良的環境，讓自己生存其中；惡業造成惡劣的環境，自己也生存其中。因爲，由業所造的，也就被業所支配，這就是無我而仍然有輪迴的道理。

有人以爲：無我應該就沒有輪迴報應才對。然而，事實剛好相反，正因爲無我，我們才會去受輪迴報應。如果有我，我就能主宰自己，不去受輪迴報應；而且，我是常住的，《成唯識論》說：「實我既無變易，猶如虛空，如何可能造業受果？……實我既無生滅，如何可說生死輪迴？」②雖然無我，「然諸有情心心所法因緣力故，相續無斷，造業受果。……有情類身心相續，煩惱業力，輪迴諸趣。」③這業報的道理是很深的，所以，《大智度論》說：「有業亦有果，無作業果者，此第一（義）甚深，是法佛能見。」④《中論》也說：「雖空亦不斷，相續亦不常，罪福亦不失，如是法佛說。」⑤

①見《大正藏》三十二冊七〇頁中。

②見《大正藏》三十一冊十一頁中。

③與前同。

④見《大正藏》二十五冊六十四頁下。

⑤見《大正藏》三十冊二十二頁下。

中篇　無我的修習

第一章　無我才能解脫

到此為止，所論述的，都是有關「無我」方面的道理，包括身體（色）無我，精神（受、想、行、識、意、心）亦非我，也非我所有的。

為什麼要談論這些呢？因為，人們自從出生懂事以來，就一直以為人有我，執著身心是我，為此假我受了多少煩惱，造了多少惡業，不但今生受苦，死後還要去受輪迴報應。所以，要獲得解脫，必須達到無我；知道人無我，身心非我所有，就不會為此身心人我去造業。無業也就無因緣，如此，現世的煩惱痛苦，來世的輪迴報應也就可以止息了。

因此，無我才能解脫，《雜阿含經》說：「聖弟子住無我想，心離我慢，順得涅槃。」①又說：「多聞聖弟子於此五受陰觀察非我、非我所。如是觀察已，於世間都無所取；無所取者，則無所著；無所著者，自覺涅槃：我生已盡，梵行已立，所作已作，自知不受後有。」②《中論．觀法品》也說：「滅我我所故，名得無我智，得無我智者，是則名實觀；得無我智者，是人為希有。內外我我所，盡滅無有故，諸受即為滅，受滅即身滅；業煩惱滅故，名之為解脫。」③

但是，無我只在理上瞭解是不夠的，必須事上也能達到無我的境界，人生才能夠解脫；理上瞭解無我了，事上未必就能無我。不信的話，自己可以反省看看，從前篇的論述中，我們已經知道人身心都無我了，然而，在我們的意識中，對身心仍有執著，多少還會認爲身心是我。如此，又怎能說已無我呢？所以，必須經過一番修行，才能達到真正的無我。

所以，現在就來述說修行的方法——也就是事上要如何達到無我，來和理上的無我相應，以得到解脫。

①見《大正藏》二冊七一頁上。
②見《大正藏》二冊十九頁下。
③見《大正藏》三十冊廿三頁下。

第二章　我與無我的關鍵

本來，事和理是不二的，它們就如人的身心，肚子餓了，心裡就會想吃東西，於是，身體便馬上配合，去作飯、吃飯來餵飽肚子。事如人身，理如人心，人們身心都是合一的，因此，理事也必一如，理到事必到，事行亦必合於理，知行合一，才是正常的現象。如果理上瞭解——知道無我了，而事上卻做不到，這便有問題了，就如肚子餓了，心裡要身體——嘴去吃飯，可是，身體偏不聽令，不去吃飯，這還得了？我們目前似乎正是如此，理上瞭解身心皆無我，事上竟不能無我。

爲什麼會這樣呢？正是必須深入加以觀察和參究的。首先，我們不瞭解無我，認五蘊爲我太久了，不但事上如此，理上也如此，因此，形成了很嚴重的理上「我見」，和事上的「我執」。如今，靠著逐步的分析，顯出五蘊的究竟無我，理上只是初步的接受無我，而長久以來便存在的我見習氣，並未斷除，所以理上也還不能完全無我，這也就難怪事上的我執尚在了。因爲事上的我執，便是緣於理上的我見而來。我執必從我見——見有我而成，否則，我既不有，還能執著什麼？執著必須有對象，有個所執物的存在，不然，就執著不成。

從此，又可以證明理事不二的道理了。原來，事上未能無我，乃是理上亦未能達到無我。雖然理上瞭解了五蘊無我，但我見習氣尚在，便是還有我，事上也就還有所執著。

因此，要達到無我，並非瞭解五蘊非我就可以。瞭解之後，還必須破除心中的我見和我執，唯有我見、我執都消除了，才能達到真正的無我。

第三章　我見、我執如何消除

那麼，我見、我執又將如何消除呢？必須先瞭解我見、我執是什麼，然後才能找出方法來消除。

所謂的「我見」是什麼呢？《成唯識論》說：「我見著，謂我執，於非我法妄計為我。」①也就是說：心中妄認某些東西是我，執著這些東西是我。譬如：認爲身心是我，因爲，人就是身心等五蘊，人能夠有一切活動，都是依靠著身心才有的，如果身心不是我，什麼才是我呢？由於理上的認爲身心是我，隨之就產生了事上的執著。所以，我見和我執往往是分不開的，而站在理事不二的立場來說，我見也就是我執了。

總之，我見就是見有我而成，所見的我便是人的身心。於是，我見又叫做身見，《大乘義章》說：「言身見者，亦名我見，五陰名身，身中見我，取執分別，從其所迷故，名身見；以見我故，從其所立，亦名我見。」②

由於有我見，便產生我執；有我執的存在，人們便會有煩惱，因而驅使自己去造業，有業便有業報。這就是「惑業苦」的由來，《俱舍論》說：「由我執力，諸煩惱生，三有輪迴，無容解脫。」③所以，我見、我執消除了，人們才有解脫的可能。

我見我執既然是妄認和執取身心等五蘊爲我才有的，如此，要消除我見我執，也就在於不妄認和不執取身心等五蘊。這必須依靠意識的研究、分析，時常觀想五蘊非我，心中就不會再妄認五蘊是我；同時，瞭解五蘊的不美好，就不會再執取五蘊。

所以，原始佛教聖典《雜阿含經》開頭便說：「爾時，世尊告諸比丘：當觀色無常，如是觀者，則為正觀；正觀者，則生厭離；厭離者，喜貪盡，喜貪盡者，說心解脫。如是觀受、想、行、識無常；如是觀者，則為正觀……。」④「色無常，無常即苦，苦即非我，非我者即非我所；如是觀者，名真實正觀；如是受、想、行、識無常，無常即苦，苦即非我，非我者即非我所。……聖弟子如是觀者，於色解脫，於受、想、行、識解脫；我說是等解脫於生、老、病、死、憂、悲、苦、惱。」⑤「觀色如聚沫，受如水上泡，想如春時燄，諸行如芭蕉，諸識法如幻。」⑥

同時，經中告訴我們，只要思惟觀察五蘊「爲病、爲癰、爲刺、爲殺；無常、苦、空、非我」就可以證得初果須陀洹，乃至二果斯陀洹、三果阿那含，四果阿羅漢⑦，因爲知道五蘊是無常、苦、空、非我的——「如實知故，不樂著色，不讚歎色；不樂著、讚歎色故，愛樂滅；愛樂滅故取滅，取滅故有滅，有滅故生滅，生滅故老、病、死、憂、悲、惱苦滅，如是純大苦聚滅。」⑧這就是由於觀察，而正確的知道了五蘊是不美好的，於是，對五蘊生起了厭離心，自然就不會再認五蘊是我、執著五蘊是我了；「我執」拔除，貪、瞋、癡等欲想煩惱滅，當下無我，獲得瞭解脫。佛陀在世時，很多佛弟子都是由此觀察而證得解脫的。

因此，要去除我的觀念和對我的執著，必須時常觀想五蘊的無常、苦、空、非我。

①見《大正藏》三十一冊二十二頁上。
②見《大正藏》四十四冊五八二頁上。
③見《大正藏》廿九冊一五二頁中。
④見《大正藏》二冊一頁上。
⑤見《大正藏》二冊二頁上。
⑥見《大正藏》二冊六九頁上。
⑦見《大正藏》二冊六五頁中，見二五九篇經。
⑧見《大正藏》二冊十七頁下，見六七篇經。

第四章　坐禪的用功方法

「無我」是一種境界，並非只是一種概念；要達到這種境界，必須內心沒有我的觀念和對我的執著。而我的觀念乃是依靠內心不時浮出的妄念而存在，只要內心有妄念，我見我執就沒有辦法消除；只要還有妄念，內心就不空，也就不是無我。因爲，無我就是空①。所以，如何消除妄念，便成了達到無我的必經之路。

要消除妄念，達到心裡無念，一般公認，以坐禪最容易達到，所以，必須瞭解坐禪方法，從事坐禪。天台宗智者大師所著的《修習止觀坐禪法要》②是各種教授坐禪書籍中，很好的一本，有志於坐禪的人，應該加以研讀。書中談到坐禪必須具足五緣：一、持戒清淨，二、衣食具足，三、閑居靜處，四、息諸緣務，五、親近善知識；同時，要訶除五欲：美色、音樂、好香、食味、身觸，並棄除五蓋：貪欲、瞋恚、睡眠、掉悔、懷疑，又要善調五事：飲食、睡眠、身體、呼吸、心理③，這些都是坐禪所應該注意的，它們關係到坐禪的成敗。

坐禪只是一種方法，必須有個目標，爲達到這目標而坐禪。目標不同，坐禪中用功的方法也就不能一樣。

那麼，我們坐禪是以消除妄念爲目標的，應該如何用功呢？同樣的，必須先瞭解妄念的由來。

妄念有兩個來處：一是當五根——眼、耳、鼻、舌、身接觸到五境——色、聲、香、味、觸時產生感受，引起內心的思量而有的；二是從空無的心底不時浮出的。然而，無論是從五根接觸到五境、或從心底浮出的妄念，它們本身都如行雲流水，才生即滅，不會產生任何作用的。但因爲人們心中都有一種俱生的執著，也就是唯識學所說的「俱生我執」——第七識妄執第八識見分爲我，由於有此俱生我執，才進而執著五蘊爲我。

既然有我，那麼，凡闖入了我範圍內的東西，自然都必須加以「注意」（注意，在唯識學上叫作「作意」，屬於心所法當中，五徧行法之一），是否會傷害到我？這以我爲主所產生的注意，便是初步的執著了。注意的目的，是要使我範圍內的東西，不傷害到我，並使之對我有益，爲我的利益打算，人們的妄想，就是由此產生④。所以，妄念一碰上我的注意——執著，就更加强了我見，由有我見作主，心中又更加的注意，執著便重了。於是，爲我的利益而思量不停，妄念也就更多了。

由此可知，要消除妄念，必須先消除内心的我執。我見和我執是不可分的，所以，我執去除，我見也就消失了；我執去除後，妄念也就有辦法消除了。

①見《增一阿含》第三十卷第十篇「無我者，即是空也。」《大正藏》二冊七一五頁中、下。

②《修習止觀坐禪法要》見《大正藏》四六冊四六二頁。編案：另，圓明出版社出版有實靜法師講，該社語譯的單行本《修習止觀坐禪法要講述》。

③詳細内容請看該書。

④《大乘廣五蘊論》見《大正藏》三一冊八五〇頁下：談到心所法的產生，必先經「觸、作意、受、想、思」，可供參考。

第一節　我執的對治

一、放鬆

我執的消除，必須在坐禪當中採用對治方法。我執的現象，就是內心的「注意」，因注意而產生集中和緊張的狀態，結果就如手掌握著一件東西，越握越緊，形成了執著。對治的方法，先是放鬆。當盤腿坐下，身體、心理、呼吸調理好了之後，便開始作放鬆的工夫。

在此，必須先說明的是：初步坐禪的人，不可急於求成，要瞭解：「道法自然」、「欲速則不達」，急於求成，不但反而成就會較慢，而且，容易出差錯。因此，在盤腿坐下，身心調整舒適之後，就那樣坐著，當作是在休息。在還有妄想的時候，不要急於閉眼，心裡更不要想：我要靜下來、我要入定、要斷煩惱、要開悟，這些都是妄想，只會障礙坐禪，毫無益處。靜、定或開悟不是求得來的，是正確用功的自然結果。所以，在不違背坐禪原則，自然而不造作之下，覺得怎樣較舒適即怎樣。如此，身心就會慢慢的自動鬆弛。

有些人只要如此（自然而不造作）的用功，就能漸漸的深入靜定，從而消除我見執著，到達無我的境界，如果這樣還不能放鬆的話，就必須運用對治方法了。

這方法是：緩緩的，從鼻孔吸入空氣，然後，口微開，慢慢的吐出。吐氣時，口中默唸「啊——」，觀想這「啊」向整個腦部散開，如此就會感到，整個腦神經系統都鬆弛了；除了唸「啊」之外，也可以默唸「哇——」，默唸時就如見到了一個可愛的東西，內心充滿喜悅、高興，因而呼出「哇！」這個「哇」字，同樣具有鬆弛神經的效果。凡是在坐中有了緊張、執著的感覺，而放鬆不了時，就要默唸「啊」或「哇」，可以做個兩三次，直到輕鬆爲止。人的中心點是在頭腦，頭腦放鬆了，自然影響到整個神經系統，和全身肌肉的鬆弛。

不過，爲了更理想起見，也可以在腦部鬆了後，觀想整個身體，自脖子、雙手、胸腹，以至雙腿，也都逐漸地鬆了。

或許，有人會覺得奇怪：執著的是心，爲什麼卻以放鬆身體來對治呢？乃是因爲「心本無生因境有，前境若無心亦無。」①心所以會注意——執著，皆是因身而引起，雖然受、想、行、識亦是執著的對象，但受、想、行、識也是依身產生。所以，放鬆身體，便是放鬆心的執著。

二、放鬆之後的執著

那麼，身體放鬆之後，心就不再執著了嗎？並不一定，對有些人來說，只是減少了，放鬆主要是爲去除執著打好基礎而已，人們心中隨時都有妄念浮出，也就有注意的對象存在。如此，心就會去注意、執著；同時，人心是隨時都在游動和攀緣而不耐寂寞的，長久以來積集而成的執著習氣，很不可能因放鬆而完全去除。

然則，放鬆了之後，仍有執著，又將如何去除呢？首先，我們要瞭解，越是明顯、突出，份量越重的對象，執著也越重。譬如：頭痛的時候，心裡便一直執著頭痛而放不下；悲哀痛苦，怨憎他人的時候，也是一樣。所以，要去除執著，首先就要減輕或減少執著的對象，放鬆的目標正是如此。因神經系統的放鬆，使身體感到舒適，身體便似若有若無的，並且影響到心理，產生愉悅安詳的感覺。如此，執著自然就減少了，我們也就容易知道，目前心是不是有著？著於什麼？發現心有著就要捨離；不斷的發現，不斷的捨離。最後，必能達到離無所離，執著才算是完全的去除。到了離無所離時，此離即須放下。於是，能所雙泯，當能進入無我、空的境界了。

在此，對於人心常執著的對象，稍作分析，可能有助於用功。

三、苦樂皆不可著

人心常執著的對象，可分爲兩類：

一是痛苦的感受——從不利於我的事情所引起的思想，和因此產生惡的情緒，比如：瞋恨、惱怒……。

二是喜樂的感受——從有益於我的事情所引起的思想，和因此產生善的情緒，比如：輕安、高興……。

前者，雖然知道不好，應該放捨，但正當發作時，業力強旺，像山洪暴流，阻擋不了，唯有隨著業力——執著對象，流轉去了，佛經中說：地獄內的衆生太苦，不能修行，由此就可以瞭解了。這也是爲什麼坐禪要持戒清淨，以及戒、定、慧三學，以戒居首。因爲業性雖然是空，但當它發作時，業力卻是很強的，豈可忽視，而去造作惡業呢？

後者，卻不是難離了，而是染著太深，不想離或不知離，試想：有誰不要快樂或喜悅？有誰不會被可欲之事迷亂？人，一生中辛辛苦苦，流汗流淚，除了生存必須外，便是爲了追求幸福快樂，一般人辛苦的目標就是在此，難怪人爲喜樂深深地染著。佛經中所以說：「天人爲快樂享受所迷，也不能修行。」實在是深具道理的。

但是，和前者比較起來，後者卻是可以離，也是必須離的了。

世間法皆是有爲法，有爲者即無常，難免敗壞之苦，不該貪著，這是坐禪的人，所必須注意的。一般坐禪者，常會貪著於輕安舒適的境界，以爲快樂，而執著不放，不知那是無常的，怎能長保不失？於是，消失時，內心便覺得惋惜，盼求善妙境界再現前，如果不能再重現，內心就苦惱起來了，卻不知坐禪中，會有百千種的境界隨時出現，但皆是有爲法，無常生滅，逝者難再追回。因此，坐禪的人，應該注意，不可染著於輕安舒適的境界，執著不放。否則，始終在受蘊中打轉，爲受蘊所縛，將無法解脫。

所以，苦受不可著，樂受同樣也不可著，都要加以捨離。

有了苦樂都不可著的認識後，再來繼續談：坐中放鬆了之後，又將如何用功？

四、放鬆之後的用功

由於人心的好交遊、好攀緣，雖然因爲放鬆，而使身心舒適，似有若無，已經沒有明顯的目標（對象），可被注意和執著了，但是，識心仍然不敢放下它的職責，隨時在活動，眼觀四方的注意著。坐禪的人，在還沒有入定，身心融化於空時，總還有一些色、受、想、行的存在，被心所注意和執著。

所以，一時要使心都不著，是不可能的，只要還有些微的對象，心便會去注意——去執著。這時，我們必須做到的是，不要讓心注意太久，成了執著；至於心的游動，也不要强制它，要它停在一處。用强制的方法，心是停不住的，只要跟著它，不太著意的看著它，讓心緩慢的游動，心在那裡，便跟到那裡，若見心著了，就將它離開；一方面，將心注意在放鬆上，務使身心可能都在鬆適中，某處如果緊了、不適了，就要微微的鬆開它。放鬆的目的，是要讓身心進入虛空狀態，唯有在這個狀態中，識心才能完全不著。因爲，「所從能生，能依所立」，「所」若亡時，「能」也就無法立足了，虛空豈能讓心去執著呢？

由於心的好游動，要使它停止下來，實在不是容易的，而只要心不止息（此心或可名之為能見的作用），心就會去找對象來著。如此，要怎樣使心止息下來，又是一個必須研究的問題了。

心如何才能停止呢？心如猿、意如馬，除非用條繩子將它綁起來。因此，原則上，雖然必須心不著，才能漸入無我、空的境界，但一方面又感於心的好游動，和對象——「所」的難以全無，就不得不採用方便了，亦即以著來離著，以一著離多著。

五、以著離著的方法

那麼，要著於什麼呢？在這裡，有需要再重溫一下前述的修法，才能瞭解應該方便著於什麼才好。

第一種修法是放鬆，入坐之後，務必做到神經系統的鬆弛，以使身心舒適，達到似有若無，然後；

第二種修法：由於身心鬆弛的關係，心的游動已緩慢了下來。因此，只要跟著它，看著它，便可任心自由的活動（惟必須在心有著時離之），游倦了，它自然會止息下來。

第三種修法：也是現在剛要說的方便著的修法。如果第二種修法修不成，那麼，就將心輕著於鬆上，利用心盡責的功能，和它好游動的性質，來達到身心完全鬆弛。由於人們長久以來，都在有意無意的執著中，結果造成神經上深重的緊張，要一下子完全鬆開來，是很不容易的，如今就利用此「心眼觀四方」的功能，來注意那個地方不鬆？然後作意使之微微放鬆。在放鬆時，心就和鬆合一。不過，要放鬆的對象，往往是在神經系統，亦即腦部。——因爲鬆就是要去除執著，執著便是有，如果鬆去執著了，即是空。心能夠隨著鬆，完全的鬆了，心也就空了，這便是離著、泯除了我的時候。這境界隨它，它能多久就多久。由於心已和鬆合一，當心又現起時，必是某處又緊了，因此就要去鬆它；當緊鬆了，心又再空了。這可能是很好的能讓心止息下來的方法。

第四種修法：坐中放鬆了之後，即不管、不著於身心的任何現象，而由心裡自造出一個有規律的對象，來被心所緣（著）。這方法便是在心裡默唸數字（一、二、三……），或數息、唸佛、持咒等，唯必須配合心的逐漸寧靜，而越唸越輕、越細微，才能進入無念。方法因人而異，個別指導才行。

上面三種修法（第一種須貫穿於後三種中，故不列在內），並無優劣之分，適合那一種修法的，就修那一種。如果覺得有需要，也可以在一次坐禪中，轉換三種修法，總之，以能達到用功的目標爲主。

不過，有時候，因爲身體或心理的關係，妄念想思會比較活躍。在這種情況下，要直接去控制妄想，使之停息下來，是很不容易的，甚至效果適得其反，弄得心煩意躁。這時候，就必須採用第二種的修法，不去控制它，讓它自由去，只要意中跟著它，看著它，有意無意的帶著它，久久，心必能止息下來；或者，也可以採用第四種的修法。而在妄念微少時，採用第三種的修法，似乎比較適合。

①這是過去七佛中之〈毗舍浮佛的法偈〉，全偈是：「假借四大以為身，心本無生因境有，前境若無心亦無，罪福如幻起亦滅。」見《景德傳燈錄》，《大正藏》五十一冊二〇五頁上。

第二節　妄想的對治

一、約束五根

俗話說：「星星之火，可以燎原。」意思是說，不可忽視了一個小火點，它一旦燃上了乾物，可以將一片山林都燒掉；同樣的，人們心中的妄想，如果不善於對治，任它去繁殖，那麼，它的危害，實在不下於星星之火。可能驅使我們不由自主的，去造作惡業，在現世則障礙修行，使聖道無成，後世則遭受三塗苦報；衆生所以流轉六道，輪迴不息，都是源於最初的一念不覺，不善對治。

那麼，妄想又將如何對治呢？從前面的論述中，可以看出妄想的由來，乃是當眼、耳、鼻、舌、身等五根接觸到色、聲、香、味、觸等五境時產生感受，引發內心的思量而有。

瞭解了妄想產生的原因，也就有方法來對治了，那就是要約束五根不去攀緣五境。《佛遺教經》說：「汝等比丘，已能住戒，當制五根，勿令放逸入於五欲，譬如：牧牛之人，執杖視之，不令縱逸犯人苗稼。若縱五根，非唯五欲將無崖畔不可制也，亦如惡馬，不以轡制，將當牽人墜於坑陷，如被劫害，苦止一世；五根賊禍殃及累世，為害甚重，不可不慎。是故智者制而不隨，持之如賊、不令縱逸；假令縱之，皆亦不久見其磨滅。」①

因爲五境能令人產生欲樂，所以又叫做五欲。譬如：男女色、音樂妙聲、花香體香、飲食美味、柔軟撫觸等等，總是讓人喜愛的，難怪五根會去攀緣不停，使得心狂意亂，妄念想思不息。所以，要使五根不去攀緣五欲，就必須先瞭解五欲的過患，瞭解五欲的過患，自然會訶責自己，不去親近愛著。因此，《大智度論．釋禪波羅密篇》有〈呵五欲篇〉②，智者大師的《修習止觀坐禪法要》，也有〈訶欲篇〉③，應該參看。

二、有為法皆無常

另外，要瞭解到：五欲是有爲法，凡有爲法，皆是無常，《金剛經》說：「一切有為法，如夢幻泡影，如露亦如電。」④無常的便難免於敗壞。

君不見，蘇東坡的〈赤壁懷古〉詞：「大江東去，浪淘盡，千古風流人物。」歷史上有名的三國時代，一些創業江山的英雄，像劉備、關公、張飛、孔明、孫權、曹操……如今都在那裡了呢？「古今多少事，都付笑談中。」⑤只成了小說家筆下的人物；「遙想當年，小喬初嫁了，雄姿英發……」⑥和詞人吟詠的對象，而他們的豐功偉業，早已烟消雲散；李白的〈登金陵鳳凰台〉詩：「鳳凰台上鳳凰遊，鳳去台空江自流。……」⑦有名的西施美人，如今又安在？無情的時間，敗壞了一切人與事，使得人中至聖的孔子，也不禁要望著江中流水而感嘆：「逝者如斯夫！不舍晝夜。」⑧廣大的空間，又空盡了一切恩恩怨怨，古來多少的人生舞台，都付諸白雲蒼狗，不留下一些些痕跡，徒讓世世代代的有情人，「昨夜西風凋碧樹，獨上高樓，望盡天涯路。」[9]抹不去心底的哀傷，卻又如何……？

「諸行無常，諸法無我，涅槃寂靜。」兩千五百多年前，釋迦牟尼佛喊出了作爲佛教標誌的三法印。由於世間一切皆無常、無我，便免不了敗壞之苦，五欲就算有樂，也只是短暫的、有代價的、不真實的，如夢、幻、泡、影，最後，唯有感受惆悵！「前不見古人，後不見來者，念天地之悠悠……」[10]誰都會愴然而欲淚！怎還有心去貪享夢幻不實的五欲呢？

因此，要好好的約束五根，不去攀緣五欲境，使得內心寂靜，證入涅槃——不生不滅。能夠解脫生死，獲得自在無礙，不是比享受短暫、不實的五欲，而卻去長夜流轉生死，受苦不息還好嗎？

三、向內反照自省

能夠約束五根不去攀緣五欲境之後，妄想就會減少。但是，人因爲生有五根，五根的功用是在於感受身心之外的世界。它的性能是向外的，人心受到五根的影響，便只知隨著五根去攀緣五境，從不知內省反照自己，就算偶爾能迴光返照，停留的時間也短得可憐，只及向外的十分之一二。

因此，對於心中不時浮起的妄念，往往來不及覺知，待有感覺時，最初的一念，早已二、三、四去，化成爲似外境的人、事、物，成爲意識所緣的法塵。於是，便有作意、想思，生起行蘊的各種感情，或愛、或恨，喜悅、怨惱等樂受、苦受，紛擾擾的都來了。

所以，修行除了要約束五根，不去攀緣五欲境之外，還必須向內反照自省。只是在最初反照自省的時候，往往會覺知太遲，妄念仍然會二、三、四去，化爲我們所喜愛或憎恨的外境，依之而妄想不停。這時候，就要運用智慧了；那些外境有什麼值得我愛樂執著的？諸行無常，諸法無我，沒有一種東西是永恆、固定不變的，目前對我很好的人，可能不久就不理我了，何必太想念他？反之，我所憎恨的某人，可能正是我未來的大恩人，我的一生中，將會受他很多次的救助，我怎能憎恨他？以此類推及其他，去除對外境的貪愛染著。

同時，對於心中屢次現起的人事影像，如實的了知，它不過是似外境，其實是外境之影，並非真實的外境。它是由自己的心識所變現、幻化出來——是虛假的，怎麼可以被它所欺誑，執著而生貪愛或怨惱？既然是從自己的心識變現出來的，便是受到我見的左右，由我所表演出來的了。如此，自己就是演員，有時候演出可愛的人事來，有時候演出可憎恨的人事來，心裡便隨著可愛的人事登台而喜悅愛戀；又隨著可憎恨的人事登台而怨恨苦惱，自己又是觀衆了，這豈不可憐、可嘆、可笑、可悲嗎？在自心的舞台上就是這樣，自己是演員，自己又是觀衆，隨著所演的人事影像而喜怒哀樂，一般人從不瞭解那是假的，且是由自己所演出。

如今，我們已經瞭解了，就不可再被它欺誑，要如實的觀之爲自心所變現，不是真實的外在境相。既然是心識所變現，則能變的心才是真實，其他境相皆是虛假、幻化的，不可認爲真實而生執著，更不可對它生起「遍計所執」，作種種的分別計度，如：這是善的，那是惡的；這是福，那是罪……。

四、三性乃三無性

在此，如果對唯識學所說的「三性三無性」當中的遍計所執「相無性」，和依他起「生無性」的道理有所瞭解，當能有助於用功。因此，將這些道理略微解釋於後：

什麼是「遍計所執」呢？《成唯識論》說：「周遍計度故名遍計。」⑪就是說：凡夫的妄心，由於無明迷惑的關係，對於一切法，不論是外在的、或內心的，總認爲是實在，因此而對之生起分別——周遍計校、推度，爲它安立我法的種種名字，內心再執著以爲真實。

可是，這是錯誤的。爲什麼錯誤呢？因爲一切法，不論是外在的或內心的，都是「依他」而起——從因緣所生的。比方：人身是由地、水、火、風四種元素組成，加上受、想、行、識，互相依靠，互爲因緣，才能存在，所以身體是沒有自性的，它的存在也就不是真實的。因此，難免於生老病死；而內心的法，更是虛妄了，它不過是從五根所攝入的外境之影，不然便是心識所變現、幻化出的似外境，這都不是實在的，人們卻不知它不實，而執著分別計度，妄認是我是法，所以是錯誤。

總之，宇宙間一切法，如果除去了依他起，便沒有了，只是空，所以說：遍計所執「相無性」。就是說：凡夫所周遍計校而執著的一切法，是沒有自性的，這和《金剛經》所說的：「凡所有相，皆是虛妄。」⑫同一義味。其實，不但所執的法相無性，就是能執的我，也是無性——空的。

「依他起」就是說明遍計所執的一切法，不論外在的、內在的，都是依他——隨因緣所生的。《成唯識論》說：「衆緣所生心心所體及相見分，有漏無漏皆依他起，依他衆緣而得起故。」⑬就是說：衆緣所生的心、心所和其體，以及相分、見分，一切有漏法、無漏法都是依他起的，也就是依靠著衆緣——因緣、次第緣、所緣緣、增上緣才能夠生起的。因緣會合才能夠生起，就不是自主的生起，是靠著因和緣會合才有的，所以說依他起「生無性」。就是說：隨因緣和合才有的生是「無自性」的，無自性的生也就不是真實的生了。

凡夫所以不能去除對諸法的執著，第一是不知諸法乃因緣和合所生，究竟無實體；第二是不知因緣和合的生是無自性——不是真實的。因此，雖然知道了諸法是從因緣和合才生的，但卻認爲既然有生，也就有諸法，對諸法的執著就不容易消除。如今知道了因緣生的生是無自性的，相信就不會再執著諸法有生，也就更不會再執著諸法是有了。所以，從依他起「生無性」的瞭解，可以加深我們對遍計所執「相無性」的瞭解。

瞭解了諸法的相無性和生無性，必然能夠使我們驚寤過來，痛改從前執法著相的習氣。於是，在厭離了諸法，不再取著諸法之下，意自然就不會再緣法而衍生妄想，不論是外在的色、聲、香、味、觸，或內心的受、想、行、識、意都對之索然無味，提不起興趣了。如此，則法自法，與我無關，古德說：「但自無心於萬物，何妨萬物常圍繞。」妄念就不會再二、三、四去，形成妄想，心裡便只剩下微細的妄念了。

①見《大正藏》十二冊一一一一頁上。
②見《大正藏》廿五冊一八一頁。
③見《大正藏》四六冊四六三頁。
④見《大正藏》八冊七五二頁中。
⑤《三國演義》開書詞。
⑥見蘇東坡的詞〈赤壁懷古～念奴嬌〉。
⑦見於《唐詩三百首》內。
⑧見《論語．子罕篇》。
⑨見王國維《人間詞話》。
⑩陳子昂的〈登幽州台歌〉。
⑪見《大正藏》卅一冊四五頁下。

⑫見《大正藏》八冊七四九頁上。

⑬見《大正藏》卅一冊四六頁中。

第三節　妄念的對治

能夠依照前面所說的道理和方法去用功，而治伏了妄想，坐禪當中，妄念就不會形成影像。這時，如果妄念仍會不時的從心中浮出，又將如何對治呢？

如果從「相無性」的透見中，已能消除了「徧計所執」，不再有妄想，更已經深解了妄念是「依他起」而「生無性」，則生即無生。因緣的聚合假名生，實際上何嘗有生？覺得有生乃是因人心無明迷於假相，依相——妄念的存在而認定，其實呢？相乃是空花。空中何嘗有花？但受到業風所吹，因緣偶合，又在帶有眼病的衆生觀看之下，於是，空中便似有了朵朵虛花。

可不是嗎？試問：妄念從那裡來？豈非從空無的心中驀然冒出？因果律是宇宙內、世出世間不變的鐵律，如是因必生如是果。從「空」中生的（實際上是無生，順俗方便說為生），必然也就是空，我們覺得有，那是我們的覺知有病——依無明乃生的見病（即見惑），才妄見有；有是假，空才是真的，《般若心經》說：「色不異空，色即是空。」但在因緣會合、見惑所見之下，空又會現有，因爲空有不二，所以《心經》又說：「空不異色，空即是色。」對此有了瞭解，也就不會被妄念所欺誑了。因爲，既然空可爲有，則妄念——有亦是空，生即不生，雖然，我們感覺有妄念，但在實際上，卻是無妄念；在有妄念的當中，便是無妄念。

當理上瞭解到此，事修方面也能做到此的話，便可體會到：心性不但是不生，也是不滅的。在不生不滅中，常自如如，我們所以有妄念、妄想、煩惱、痛苦，皆是被業力所牽。因此，要勤修戒、定、慧，息滅貪、瞋、癡，不可再造惡業；理可以頓悟，事卻必須漸修，依次而進，到了理事圓融，修行才算成就。

對妄念有了「生即不生」的瞭解後，我們就知道，對妄念應該採取怎樣的態度。在初步坐禪用功時，心裡總難免會有妄念；雖有妄念，卻不可執著，妄念本空，不可妄認爲有而生煩惱或想思，在不取著下，妄念自會消失；不要和妄念作對，不要斷除，也不要隨它去，只要心中不著，不取不捨，就是最好的對治。

如果妄念想思太多，可以觀之爲假、空、不生；所想的物、能想的我，都是虛假不實的。念想本身更是不實，它是所想的物和能想的我，和合促成，離去物我，又那裡有念想呢？所以，念想的存在是假的，實際上卻是空——只是空。既然是空，便是不生，不生也就不滅。有生才有滅，生滅是現象，離去生滅，便是絕對於生滅現象的本體，對現象說其不生不滅……。

或者，在有妄念生時，也可以直接觀照它是不生的。既然生即不生，便不必理它，心裡也就不受妄念的影響，而妄念也就隨生隨滅，自然漸入於寂靜了。

下篇　無我——空、解脫的完成

第一章　法空無我而不著

第一節　法空才能無我

佛教的經典，談到修行要獲得解脫，都必須先達到法空（無我）。由空而無相、無作，這叫作「三解脫門」。人們的一切束縛，就是從我法而有，一切煩惱痛苦，莫不是從我法產生的，因此，絕不會有人在我法未空之下，而能得到真正的解脫的。

所謂的「空」，就是指修行人內心的法塵——受、想、行、識、意、念的消失，也就是內心的法空了。所以，空又可以叫法空，只是一般但稱之爲人空或我空。

隨著內心法塵的消除，「我」也就跟著空了，因爲一般人的我，乃是以妄念緣著身心，認身心爲我。如今內心的妄念消除了，自然就不可能再妄認身心是我了。

但是，在我的觀念因妄念的消失而空了之後，是否就完全達到無我了呢?有些人或許還不能。實際上,人們除妄認身心是我之外,還有可能妄認心中的能見作用爲我。當一個修行人空了內心以後,他心裡還是有覺知——知道一切的,於是,他心裡或許便會執著這覺知,如此,就又成了我的觀念。

這覺知——能見作用便是唯識學所說的「見分」,人們的潛在意識——第七識就是恆常執著這見分是我,所以說是俱生我執。它是人們一切思想見解之根,人們的一切煩惱痛苦也都根源於它,必須將它也消除了,才是達到我空的境界。

第二節 我見的消除

那麼,這我見之根如何才能空去呢?

就一般來說,「我」的存在是從法——色、受、想、行、識而有,由此五蘊構成人的身心。有了身心,人們便妄執此身心爲我了,一旦通達構成身心的五蘊法空，則身心非有，又從那裡安立我呢？所以，透見五蘊法空後，也就能無我了。

見，則是從它的對象的存在而有。見的對象即相——有形象的物，或可感覺到的存在，如果沒有相，見，又將見什麼？便無用武之地了，自然見也就不可能存在。所以，見的消除和我一樣，都必須從法空中來達成。

因此，被稱爲諸佛之母的般若，便以破相顯性空爲主，不但世間法空，出世道也空，無佛無衆生，無生死也無涅槃，所有一切只是世間名字方便假立；如幻如夢，求其自性了不可得，三千大千世界純是空。在這種情況之下，人們又何從妄想起？還要分別什麼？在一切法空，沒有對象之下，人們的妄心分別自會止息，「我見」也就沒有了。

又如和般若空相對的唯識有的學說，表面看來，是在談有。實際上，卻是間接的談空。因爲所談的有就是空，一般人所以不瞭解空，就是由於不瞭解有，不知有是因緣和合的幻有，是唯識所現，似有外境，其實卻是空無的，等到瞭解了有真面目，知道了境相空、無自性，識也就失去對象，不再妄生分別。如此，識也就不再存在了。

第三節　內心不空的原因

但是，雖然一切法「性空」，凡所有相皆是虛妄，何以我們內心卻空不了呢？最主要的，乃是人們心中有二取習氣：能取和所取。爲什麼人心會有這二取習氣呢？因爲有見分和相分的存在。見分和相分是長在一起，永不分離的。見分和相分互對，見分即能取，相分成了所取。

本來，「見見之時，見非是見，見猶離見。」①見分原是本性中的靈明功能，但這靈明卻是空寂的，當它見照時，它是不居功，不自著於見中的，就如行雲流水，又如雁過長空，不留痕跡，如何會再去取著所見的相分呢？「見猶離見」。在如此情況之下，見分和相分不可能成爲能所，更沒有我法的存在，只是靈明空寂；於不變中能隨緣，隨緣中又能不變。

但是，由於第七識的執著見分，使見分披上「我」的色彩，爲我而見照一切。於是，在「我」的作祟下，見分不論見到什麼，有爲法也好，無爲法也好；快樂也好，痛苦也好，都一律著上。所以，見分就成爲能取，久之，二取習氣便形成了。這都是我——意、第七識所導致的，過不在見分。相分成了所取。如果沒有我，見分本身，「見猶離見」，不可能和相分形成二取的。

我，又從那裡顯出它的特質或作用呢？即從取（執）著中顯出。因爲有我，就會有你、他；有我，就必須爲我打算，私心就產生了。於是在你、他或外物和我碰上（相對）了時，就不得不加以注意，會不會妨礙到自己？這注意便是初步的著。注意不放，久了便形成習慣性，亦即習氣，有此習氣存在，內心就還空不了。

那麼，如何來消除二取習氣，使我們內心完全達到空呢？這必須靠不著的修習了，《大般若經》說：「應以無著而為方便，圓滿般若波羅蜜多。」②人們自從懂事以來，都在執著中過活，長久以來已形成了很深重的執著習氣。而可以執著的對象又是很廣泛的，包括有形相的有爲法，和無形相的無爲法。人們知道了我法皆空之後，心裡自然就不會再執著於我法了，也就是不再執有了。

可是由於習氣的作祟，往往會轉而著空，因爲我法皆空嘛，有是假，空才是真實。然而，空是不可著的，空如果可著的話，就不是空了。所以，一旦著上了空，便成了法執，和著有一樣，還是不空。

因此，必須假有的我法都不著，內心空了之後，連空也不著，才是畢竟空。實際上，畢竟空也不過只是方便安立名詞，假有實無，它是不存在的。能夠空有都不著，才是完全的達到我法皆空。因爲只要尚有微細的執著，我就還存在，尚未空的。

第四節　用功須離四病

能夠達到法空無我而不著，畢竟空以後，是否已經解脫了呢？還不是，必須在畢竟空之後，證入空性，般若智現前才是，這就是為什麼有不可著，空也不可著的原因了。空有都只是本性的相用，而本性不是有，也不是空——非空非有；反之，也是有，也是空，惟必須空有都不著，一著就昧於本性，離本性遠了。

這就是為什麼《圓覺經》談到修行人要證入圓覺（本性異名），必須在用功上離四病。四病即作、任、止、滅。

作即「我於本心作種種行，欲求圓覺。」③這是生心造作的意思，包括觀想、念佛、參禪、持咒等等，何以這是病呢？「彼圓覺性非作得故。」④本性豈是從造作中能得到的？所以是病。

任即「我等今者不斷生死，不求涅槃。涅槃生死無起無滅，任彼一切，隨諸法性，欲永圓覺。」⑤這就是放縱身心，不事修行，妄想也好，不妄想也好，像有些執理廢事的佛教徒常說的「我本來就是佛」，既然是佛了，又何必再修行呢？不知這句話只是表示衆生本有佛性，依此佛性而言本來就是佛，並非現在就是佛了。如果不修行，貪、瞋、癡等煩惱妄想盤居心中，本有清淨的佛性怎能顯露？佛性不顯露，又怎能是佛呢？所以是病。

止即「我今日自心永息諸念，得一切性寂然平等，欲求圓覺。」⑥這就是止息一切妄念想思，住於止——定中。如此，早已成了法執，和著空一樣。本性乃止觀不二，寂照同時，偏於止定的修持，如何能相應於本性呢？所以是病。

滅即「我今永斷一切煩惱，身心畢竟空無所有，何況根塵虛妄境界；一切永寂，欲求圓覺。」⑦這就是住於空寂中，而本性不是空，是空有不二，寂照一如，著於空寂，便失了有照，違背了本性，如何能相應而證入呢？所以是病。

其實，初步用功修行的方法，都不離這作、任、止、滅四法。比如觀想、數息、念佛等等屬於作；不要和妄想作對，不要斷除它，便是任；一切修行法門都可以說包括在止觀中：不止息妄念，妄念纏縛人心，如何能解脫？因此必須有止的功夫；煩惱如果不滅除，怎能達到空以至解脫？所以也必須有滅的功夫。

那麼，《圓覺經》爲何說這四法是病呢？關鍵就在於著與不著上，執著了就是病，不著就無過。要知道，一切修行方法主要在對治煩惱習氣，佛法如藥，有病就必須以藥來對治，病才有痊癒的可能。惟必須病去藥除，如果有人在病好了以後，仍然執著藥，服用不停，試想：這豈非有問題了？和生病又有何差別呢？一切修行方法，只是對治的方便，不可執爲實法，當病除去後，方法也就必須放下了，《金剛經》說：「我所說法，如筏喻者。」⑧渡河須用竹筏，過了河竹筏就無用了。

衆生所有的病——一切煩惱、業障、習氣，都只是世間上的假有，在真際上，尚無佛與解脫，又何有這些——本性與證入皆是從世間法上的方便安立言談。所以唯識學的三性說：遍計所執性、依他起性固然是無，但圓成實性——這個本就圓滿、能成就一切的真實本性，也是勝義無性的。因此，一切病只是世間法上的假有。病是假，對治方法當然也是假的，假藥治於假病，兩者都不可執爲實法。

瞭解了這點，能夠善巧的運用一切方法，來對治各種煩惱、業障和習氣，而心不執著。知道什麼時候必須對治，什麼時候，對治要放下，修於有心無心之間，才能契入真正的解脫。

①見《楞嚴經》，《大正藏》十九冊一一三頁上。
②見《大正藏》五冊一一頁下。
③見《大正藏》十七冊九二〇頁中。
④同註③。
⑤同註③。
⑥同註③。

⑦同註③。

⑧見《大正藏》八冊七四九頁中。

第二章　妄心與真心

第一節　無我、空與妄心

當事修追隨著理解，能夠從用功中，逐漸的消除了對身體的執著、和精神上的活動，色、受、想、行、識、意、念，完全——自然的止息時，我們就不會再有我的感覺。這時候，就已經到達了無我、空的階段。不過，還沒有契入真心。

在這裡，我們必須瞭解的是：心有妄心和真心兩面，當身體和精神的活動止息了之後，所呈現出來的，還是妄心，不是真心。

但，雖然只是妄心，卻和色、受、想、行、識、意、念大不相同。上述的五蘊只是受到業力的推動，在因緣會合之下所出現的，根本上並不存在，所以是無常、無我。妄心就不同了，它似乎是固定、實在的，從此看來，身體和精神只是它的現象。身體和精神雖然是由因緣所結合，由業力所推才有活動，但因緣和業力不能憑空而有，因緣和業力就是依此妄心而生。

如果說，人非有我不可，它似乎可以說是我了。因爲人生的一切都從它而有，五蘊只是它的化身，因此是假我，從假而說無我；而此心卻像是不假的，它會令人感覺到很實在。所以，很多外道的修行人，修到了此處，就停止了，認爲已到達了究竟，守著它，可以一定八萬年。他那裡知道，這還不是究竟之處，只是妄心，還不是真心。

第二節　妄心的剖析

從什麼地方可以證明它是「妄心」呢？妄心就是表示並非真正的心。妄心的境界是怎樣呢？就是一片的空虛。空虛本來不存在，但在內心見覺之後而緣著，便好像是真實的了，就如虛空的存在。

其實，虛空並不存在，只是人們對空感覺之後，爲空所安立的名字，但有假名，並非真有一個東西叫作虛空；同樣的，妄心的境界也是如此，它只是人心——見分執著了無爲法的空，而幻變出似實在的虛空境而已。如果人心沒有見分，或見而不著，它馬上就消失。

《楞嚴經》上有段經文可以爲此證明：「縱滅一切見、聞、覺、知，內守幽閒，猶爲法塵分別影事。」①就是說：縱使能夠滅掉了觀看、聽聞、感覺、識知的作用——如前面所說的：色、受、想、行、識、意念都止息了。由於離去了有爲的活動，這時候，內心便只有一片幽幽閒閒、空空洞洞的境界，但是呢？這個境界，不過只是一種法塵，還是經過心——能見所微細分別才有影像。怎麼能夠說是心呢？經上更有段文可以證明這不是真心：「我常說言：『色心諸緣，及心所使，諸所緣法，唯心所現；汝身汝心，皆是妙明真精妙心所現物。』」②就是說：色——眼、耳、鼻、舌、身等五根，和色、聲、香、味、觸、法等六塵，前五識、第六、七、八識等心，以及諸種生心的因緣，還有五十一種的心所法，二十四種的不相應行法（可參看《百法明門》），都是真心本性所顯現的。總之，我們的身和心，完全是妙明真精妙心中所現出來的東西而已。

這說明了身體和心的現象，以及因緣業力，和離去了現象所存在的——我們所認爲的心，其實，都是從真心中所現出的。既然，我們所認爲的心，還是所現，那麼，它不是真心，已經不容懷疑了。因爲如果是心，必然是能現，所現的只是相用，不可能是心體。

我們自己也可以體會一下：所認爲的心，是否如經文所說的，具有妙明、真精？如果有，就是真心，否則，便不是。實際上，當我們離去了心的現象，所呈現出來的境界，只是一片的空晦，連明顯都還談不上，更不必說有妙明、真實與精粹了。因此，可以肯定不是真心。

如果修行人不知道這是妄心，而認爲是真心，問題就大了，因爲它正是根本無明，人生的一切煩惱痛苦，生死輪迴，都根源於它。它是人生十二支因緣（無明、行、識、名色、六入、觸、受、愛、取、有、生、老死）之首的無明；身體和精神的活動，便是這無明的現象。因此，捨離了現象，還只是到達了無明的階段。

第三節　無明的範圍

如何證明它是無明呢？從覺受上就可以知道，這個境界，相如虛空，空洞而顯的暗昧，這不就是無明的樣子嗎？

無明就是不明，反之，就是明，在明顯中，不可能有空洞暗昧的狀況，甚至虛空也不可能存在。虛空乃是無明的現相，也是萬有現象的最初本位，萬有便是從此孕育形成。

《楞嚴經》上又有段文說：「晦暗為空，空晦暗中，結暗為色。色雜妄想，想相為身。聚緣內搖，趣外奔逸，昏擾擾相，以為心性。」③就是說：從本來圓滿靈妙與光明的真心中，忽起妄動，迷本有的靈明，依而為無明——不明顯而晦昧的空相；在空的晦暗中，將暗相聚結起來，就成了物質類的色；物質中有了因無明將真心的靈明轉變而成的能見作用，在妄見中起想，依想摶取了四大——地、水、火、風，就成了人的身體。既然身體是因能見的作用摶取物質四大而有，能見的作用便居在身體中發生作用，聚集了它所見到的各種東西的印象，自己在內心裡不斷的計度分別，那些印象，也就搖動不休了。而能見的作用又是不斷的向外去見物，於是，便顯出昏擾擾的狀態，一般人就認為這是人的心性。不知卻是認錯了，正是「妄認四大為自身相，六塵緣影為自心相。」④

平常人所認為的心，其實，只是六境——色、聲、香、味、觸、法之影；不然，就是受、想、行、識、意、念，少數人能夠捨離了這些現象，卻又執著根本無明的晦昧空以為心。不知那只是妄心，是人生煩惱痛苦，生死輪迴的起因，是很可怕的，臨濟禪師說：「湛湛（指無明）黑暗深坑，實可怖畏。」⑤因此，必須再越過這一境界，才是到達真心中，古德所以說：「打破虛空來，與汝相見。」要知道，心如虛空，卻無虛空之相，有相就還是在無明範圍內。

那麼，怎樣才能越過這根本無明，離妄心而入於真心中呢？從唯識學的八識說裡，我們可以找到方法。

①見《大正藏》十九冊一〇九頁上。

②見《大正藏》十九冊一一〇頁下。

③見《大正藏》十九冊一一〇頁下。

④見《圓覺經》，《大正藏》十七冊九一三頁中。

⑤見《大正藏》四十七冊五〇一頁上。

第三章　我而無我——轉識成智

第一節　轉識成智的內容

所謂的「妄心」，在唯識學的名詞裡，就是「八識」；妄心的各種現象，即八識所變現的心所法；八識中以第六識所變現的心所法最多。由第八識而有七識、六識和前五識，又從此八識而有妄心的種種現象產生。八個識中第八識是根本；前七識都不能離開它而獨自存在，因此第八識被稱爲心王。

雖然是心王，卻只是妄心，還不是真心，爲什麼呢？乃是因爲依它而有的根本無明未破除。無明纏之心便成爲識；無明離，妄心便是真心。真妄不二，並非離妄心之外別有真心的存在。所以，這在唯識學的名詞裡，就叫做轉識成智。

如此，怎樣才能轉識成智呢？轉識成智也就是轉無明爲靈明的意思。識便是依無明而有——從無明而形成的一種作用。識既然共有八部份，也就必須將這八識全部轉爲智，無明才算完全破除。

第二節　轉識的先後次序

但，識有八部份，是八個識全部一齊轉呢？或者從某個識先轉？依照先後的次序來看，根本無明的第八識最先有，然後才有第七識、第六識和前五識，似乎應該從第八識先轉起才對。

然而，實際上卻不是這樣，舉個例子來說：我們穿衣服的時候，必須從內衣先穿起，然後才是外衣、夾克等。可是，要脫衣的時候，就不能像穿衣那樣，從內衣先脫了，必須變更穿衣的次序，後者爲先，從夾克先脫，然後是外衣，最後才是內衣；內衣就如第八識，外衣如第七識，夾克如第六識。所以，轉識成智必須從第六識先轉起，然後才是第七識、第八識。

在這裡，必須解釋一下的是：按照次序，第六識前面還有五識，是八個識當中的最外圍，轉識如果就像脫衣，最外面的必須先脫，應該五識先轉，然後才輪到第六識才對，何以卻是從第六識先轉呢？要解答這個問題，必須先瞭解識和它的由來。

第三節　識與智的淵源

識本來就是智，識智原本是不二的。爲什麼會有不同呢？這當然是從無始之前，靈明妙心的一念妄動，迷本有的真智，起爲無明。無明障礙智，不知我法虛妄，執爲真實，從而對之分別計度，這就是識了；相反的，如果知道我法虛妄，不執著、不分別計度，便是智。

從此可以瞭解，使智成爲識的，是執著和分別計度。這執著和分別計度就是意的作用；意有表面和潛在的兩部份，表面的就是第六識，潛在的就是第七的末那識。潛在意爲表面意之根，它主要是屬於後台，由本身的執持（執第八識的見分為我），來作爲表面意的依靠，它本身可是不露面，露面必藉表面的意。也可以說：表面的意便是它的化身。完全發揮意的功用的，是在表面意——第六意識。由於識因意而有，所以習慣上，總是將兩者合在一起，稱爲意識。識的功用就是了別；了是了達，別是分別，這其中就已包括了意。如果只是識，識只能了達，清楚一切事物，而不加分別，生起分別便是意了。如果識當中沒有意——對事物不作計度分別，識就能夠入流於智。

在八個識當中，本身沒有意的，乃是第八識和前五識，只有第六和第七兩識，與意同在。所以，轉識成智就必須從第六、第七兩識先轉起。因地而倒，還須因地而起，從六、七兩識之意的執著和計度分別，才使智變成了識。如今，要轉識成智，也必須靠這兩識的不執著、不計度分別才有可能，第八識和前五識，是無能爲力的。因此有「六七因中轉，五八果上圓」的說法①。

也就是說：只有第六、第七兩識，才是真正的識，前五識和第八識，則是介於識與智的中間。沒有六、七兩識的執持作用，則前五識和第八識，就有可能回復爲智；相反的，只要六、七兩識存在，前五識和第八識的智就變爲識。如果以脫衣來譬喻轉智，前五識只是圍在脖子上的毛巾而已，並不是穿在身上的衣服，所以不必先解下它，等到夾克、外衣都脫下了，要從脖子、頭部脫下內衣時，再解下毛巾就可以了，所以說：「五八果上圓。」

第四節　八個識的由來

八識中的第八識乃依無明而有，因無明而將湛寂且無形相的真如之體，變爲第八識的相分，靈明的功能則變爲見分。六、七兩識因爲是依見分而產生，所以能夠了達、明白一切事物，並作意分別；前五識則是依相分而產生。細的相分就是內心的法塵，粗的相分則是色法，五識所依的眼、鼻、耳、舌、身等五根，便是人身中五種不同功能的色。

相分在真心中原本是心體，是空寂、不變、固定的，所以依相分而有的五識，也就比較接近於真心。譬如：五識對境時的作用，在三量（現量、比量、非量）中，只是現量；現量便是屬於真心的智用。因此，人們很難分別五根和五識的差別（愚者難分識與根——見玄奘作：八識規矩頌）。但是，五識乃是第六識的差使，第六識憑藉著它們，才能有種種的作爲，而且，也使得五識遠離了智，成爲識。例如：五識緣境時但是現量，只是一念照了，不起分別，亦無名言和籌度，其中是沒有善惡成份的。可是，五識卻又是通於三性——善、惡、無記的，這便是受到第六識差遣所致。在第六識憑藉之下，五識也就略起分別，而能入於三性中了。其實，過失乃在第六識，五識是被拖連，身不由己的。

第五節　第八識的內容

第八識叫做「阿賴耶」識。阿賴耶，乃是梵語，意思即「藏識」。因爲第八識是宇宙人生的本體，宇宙人生皆依此識而有，是此識變化所生。因此，識中具有宇宙人生的種子（或說功能），一切有爲法、無爲法都存在裡面，所以稱爲藏識。

這是從形而上方面來說，就形而下方面，藏識便有三種功能，即能藏、所藏、執藏。

能藏便是能將前七識所造作的種種善惡業與習氣，皆攝藏在識中，而成爲種子，未來遇緣時，種子就現起，結爲果報，所以就有衆生的善惡報應。也因爲第八識的能藏，才使人人所作的善惡業，在未受報應前，永不消失，由此，三世因果才能成立；同時，第八識也就隨著子果（種子引生的果報）去受輪迴了。因此，第八識又是所藏。

所藏也就是第八識受到前七識的覆藏，被前七識的業行所影響左右，不能自主。因爲第八識是無明，不能造善惡，只有無記性，猶如白痴，必須受人呼喚支使才活動，而前七識的功能就强得多了，尤其是第六識，能夠廣造善惡業，因而以業力迫使第八識往來三界、六道中，輪迴不休。

其實，第八識本來並不是白癡老板，第八識中原有相分和見分；見分便是能見的功能，是一種智慧觀照，只是這見分卻被第七識拿去了。第七識緣此見分執爲我，便成「我見」，專門向外在作主張，從不知要回顧照管這第八識的娘家，使第八識只剩下相分。相分沒有見分，就如人的身體沒有精神。如此，怎能不變成白癡呢？由於第八識的見分被第七識所執，第八識也就因此成了執藏，常常被執著的了。

第八識所以是藏識，就因爲它有能藏、所藏、執藏的功能，如果消除了這三藏，第八識也就不再是藏識了。轉八識成智的要點，就在這裡。

第六節　八識中三藏的消除

那麼，怎樣才能去除八識的能所執三藏呢？先來瞭解三藏的內容，和它所以藏的原因，就知道要怎樣去除。

首先是「能藏」，它的內容是什麼呢？便是善惡業的業影——法塵，和由善惡業所影響、所形成的人心活動的習慣性——習氣。法塵和習氣本非實有，都是虛妄的，第八識爲什麼會將它們含藏起來呢？乃因爲它是無明，不知道那是虛假的。

其次，第八識爲什麼又被前七識所覆藏，受它們的影響和左右呢？還是因爲無明白癡，不知道善惡業和習氣本來是空，才被它們所欺誑。白癡或者低能的人，是很容易被騙的。但是，第八識所以無明的原因，就是失去了見分，空有相分所致。因此，要消除第八識的無明，就必須收回見分了。可是，見分卻被第七識執去了，見分本來是屬於第八識的，如今被第七識拿去，也就等於第八識被執去，所以第八識才成爲「執藏」。

第七識爲什麼要執取見分呢？說來話長，見分在無始以前，本是靈明妙心，因爲明極而生妄動，起爲「明覺」——明照中生出感覺之念，這就是無明的初因了。其實，「性覺必明」②，自性有本覺，有覺必然是明的，不必再去明覺，如今還要明覺，便是妄了。這一念的明覺已失去靈明妙心的性覺，也就是迷本有的靈明，起爲無明。要知道，自性本覺，絕諸能所，是一個真空妙有，不可能成爲明覺的對象；換一個方式來說，明覺如人的眼光，眼光從眼睛出來，所以眼光不可能反見到眼睛（雖然能以鏡子來照見眼睛，但鏡子中的並非真實的眼睛，只是其影）。因此，當性覺妄爲明覺的時候，所覺照到的並不是靈明自性。但既有覺照，便會有被覺照到的對象，就如人的眼睛只要向外看，縱然眼前什麼都沒有，也會看到一個「什麼都沒有」的空相。所以《楞嚴經》上說：「因明立所。」③從明照當中有了被照到的對象，這就是所；「所既妄立，生汝妄能。」④這個「所」本來是沒有的，由於妄爲明覺，從明覺的妄因，才生妄果——所。既有了妄所，對象必然會引起注意，這原是妄果的所，又成爲因，將自性的明覺轉爲但能見妄所的妄能。這妄所便是第八識的初相分，妄能就是見分了。這見分是依相分才有的，也就受到相分的桎梏。

從此就可以知道見分被第七識所執的原因了。由於我們有一個身體，又因爲無明而不知身體是四大假合，便認身體爲我或我所有。能認身體是我，便是見分的功用，既然見分妄見身體爲我，見分自然就常常和此我在一起了。

「我」就是一種執著的顯示，這便是第七識的功用，第七識不但執身體是我、精神是我，凡在這範圍內的，它都可能執爲我或我所。尤其是，它的我——執著，是因見分才有，它就更加不能離開見分了，一旦離開了見分，它就不能存在，所以它和見分是永遠長相左右的。但是，這也不能怪第七識，因爲見分是自願和第七識結合在一起的。不過，這是在無明——未覺知以前的事。如今，我們已經知道這樣是不對的，就必須將見分請回到第八識中了。

那麼，在我們覺知見分和第七識結合是不對時，見分就願意——能夠自動的回到第八識嗎？它是願意的，可是，事情並沒有那麼單純。

見分願意回去，第七識卻不讓它走，正如一個少年人，年輕無知的時候，加入了黑社會不良幫派的組織。長大後，有一天，他覺醒了，想脫離那個不良組織。組織會同意嗎？沒有那麼容易！長久以來，生死與共，早就已經成了該組織的一份子，豈能讓他走?!因此，如果他真要離開那個組織，只有一個辦法，將組織破壞、解散。或者，對組織中的份子，曉以大義，將不良的組織轉為正當、善良的。但如果是這樣，他也不一定要退出組織了。

同樣的，見分被執入了第七識中，就如該少年人加入了不良組織。唯一不同的是：七識和六識，乃至前五識等不良組織，都是見分無知（無明）時所創立的。這見分是老大，如今它覺知了以前的不對，想要脫出它自己創立的不良組織，這個組織的部下——七識、六識和前五識不會同意，實在也不能怪它們。見分又怎能放棄了自己所創立的組織呢？所以，見分唯一能夠做的方法是：不脫離組織（實際上也無法脫離），對這個組織中的份子曉以大義，將不良的組織轉爲正當、善良的，這就是「轉識成智」的要義。

當識轉過來以後，該組織不但無礙於見分，反而會成爲見分的有力助手。例如：識轉爲智以後，第七識就成爲「平等性智」，第六識成爲「妙觀察智」，前五識變爲「成所作智」，見分要回入八識，破除無始以來的最初寃家——相分，回到無始之前不生不滅的娘家，都有靠第七識轉成的平等性智，和第六識轉成的妙觀察智的幫助呢。

當見分回到了第八識，三藏當中便消除了一藏（執藏），第八識有了見分，就不會再那麼無明，而知道業習空幻。於是，不會再藏放著種種的虛妄業習，便又消除了能藏；既然知道業習空妄，不含藏和執爲實有，也就不再受其影響和左右。如此，又將所藏消除了。

去除了三藏，八識便只有空名（相分）。但這空原是無始以來，真心在最初妄爲明覺時所立的妄所，根本上是不存在的，只要不著，便能越過它，回復本來的真智中。

第七節　六、七兩識先轉

但是，見分要回到第八識以前，必須第七識能夠不執著見分才有可能；第七識要能夠不執著見分，又要知道「無我」。沒有我，就不會依我而起執著；要知道無我，又要靠第六識的觀察、分析，知道身體只是四大，其中無我；精神只是受、想、行、識、意、念等諸法積聚才有，其中也無我。既然身體、心理都無我，卻是爲誰來執著？又是依誰起執著呢？因此，能夠使第七識沒有我可執，也就沒有依我而起的我執──執著見分。如此，見分就能夠回到第八識。

在這其中，使第六識觀察，知道身心無我的，也是見分的作用。我們的身體和心理都是無我、虛幻不實的，但這見分卻是真實不虛，它的存在似乎是從不變易的，它實在符合「我」的條件，可以稱爲「我」了。無我就是依它而有，沒有這個我，無我就不可能。只是，這我尚未離妄，猶如被纏的如來藏，真妄混雜，還不能說是真我。

無我，也就是空。我是主者，一切法都是依我所有，我既無，身心等五蘊都空了，依五蘊作用才有的諸法，也就隨著空了。第六識能夠觀察通達我法二空，就不會再產生分別，執著虛妄我法。如此，第六識便能夠轉爲智。

智是智慧、大知、光明的意思，第六識轉成的智叫做妙觀察智。第六識的功用本來就在於觀察諸法，但在未轉爲智以前，只是知道諸法之相，卻不知相是虛妄的，更不知諸法之體性是空的了，所以不能稱爲妙。等到轉成智以後，性相完全了達，不迷於性空與法相差別，第六識的觀察才能夠稱得上是妙。

第八節　六、七、八三識的同轉

雖然，第六識已經知道我法二空，不再分別和執著我法了。但是，心中的我見仍然會起微細分別，這就是第七識的作用。

第七識是第六意識的根，因此，必須第七識也轉爲平等性智，不再有我見，第六識才能完全的不生我執和分別。可是，心中仍會不時的浮出妄念，這妄念就是第八識所含藏的業習種子。只要心中還有妄念，第六識也就還會執著妄念，仍然還有法執。所以，又必須第八識清除了所藏，轉成智，第六識才能究竟的成爲妙觀察智。

隨著第六意識的了達我法二空，第七識的我執我見，也就被降伏。因爲既然我法皆空，還要執著見分去見什麼呢?能夠不執著見分向外去見我法，見分便能夠開始向內回去。同時，見分離開了第七識的執著，第七識也就呈現無我的狀態，虛妄的我執我見消除了，第七識沒有我見，便一反從前而成爲平等性。

但是，這個時候，我執的種子——見分仍然存在，所以還是會起我執的。而且，引生了我執的緣，第八識中的業習種子——妄念，仍會不時的浮出，促使第七識生起我見，去見法塵。因此，還不是完全的轉智，必須見分完全清除了識藏，並恢復爲本來的真智，第七識才能夠究竟的轉成平等性智。

當第六識成爲妙觀察智，了達我法虛妄，無我——法空以後，第七識不再執著見分向外去見法，和依我而分別諸法，見分便能夠離開了第七識，一反從前的向外，而迴光返照，回到第八識中。這個時候，第八識的三藏便已去除了一藏——執藏。同時，第八識有了見分，能見及該識中的一切，第八識就不再是無明白癡了。如此，便已初步的轉爲智。然後，藉著見分，來覺照所藏的業習種子是虛假非有的，就不會再含藏著它們，而會將它們消除掉。所以，沒有了能藏和所藏。三藏清除後，第八識就只有空名，已回復到無明之初的純一相分，這就是八識第二次轉智。但是，還不究竟，必須再越過相分，契入本覺自性，第八識才是完全的、究竟的轉成了大圓鏡智。

第九節　無明本空

現在必須配合前篇（〈妄心與真心〉）所留下的問題，來加以研究了。前篇所說的根本無明，就是這裡——唯識學所說的相分。能夠經過了相分，便能到達真心，所以這是個關鍵處。那麼，這相分如何才能越過呢？瞭解它的由來，就能夠找出方法。

這相分乃是從無明之初，不知「性覺必明」，而「妄爲明覺」，「覺非所明」，便「因明立所」而有。由此可知，相分的由來，是緣於自性本覺的一念妄動，要明照感覺自己，而自性本覺非有爲法，是個真空，絕諸對待，所以不能成爲明覺的對象。因此，在「妄爲明覺」的時候，就明覺了另一個對象。

但這個時候，還是無明之初，宇宙人生、大地與一切衆生，都尚未出現，那裡有東西可爲對象呢？因此，所謂的對象，只是空，明覺便取空爲相，成了與之對待的所。然而，空又那有相呢？這相——所只是妄覺而有罷了，實際上是沒有的。因爲，明覺是自性本覺的變態，是妄有的。從此妄因自然感生取空爲相的妄果——所，也就是初相分。這相分既然是空，就不可能是有。所以有相，乃在於明照的妄覺，這明照的妄覺便是後來的見分了。

由此可以知道，相分——也就是無明，實際上是沒有的，我們覺得有，乃是見覺的妄執，只要泯除了見分，相分也就沒有了，如此，便能越過根本無明。見分和相分都不存在，就是能所不立，這便是無始以前，本覺自性、妙明真心的境界。因此，能所不立，就可以契入真心中。真心現前，無明便消除，八識就是究竟的轉識成智了。

①見六祖《法寶壇經．機緣品第七》，原句是：「五八六七果因轉。」《大正藏》四八冊三五六頁中。

②見《大正藏》十九冊一二〇頁上。
③同註②。
④同註②。

第四章　明心見性

第一節　前言

明心見性，就是證入原始佛教所說的四果：須陀洹、斯陀含、阿那含、阿羅漢之中，從此，成爲出世間的聖人，解脫了三界束縛，過著無憂無慮，真實自在的人生了。

同時，明心見性也就是證入宇宙人生的本體。本體是空，但空中含有，空有不二。這就是爲什麼要用「明心見性」四字連在一起，來表達對本體的證悟。本體具空和有兩面，空是性體，有是心用；依心而有，依性而空。所以，用心以明有，用性以明空，才成空有不二。否則，單是明心，不知心體空，豈非常見外道？心性本是一體，心體即性，性用即心；本體的靈明妙用是心，本體的虛寂不變是性。

談到「有」，似乎人人都知道，人是有，衆生是有，世界宇宙是有……。然而我們爲什麼還要再來明白有呢？乃是因爲，凡人對有的認識，只是知其然而不知其所以然——不知萬有是依心生的。如此，凡人對有的瞭解，也就不正確、不完全與不究竟，只知有的現象，不知有的本體。如此瞭解的有，就不是真正的有，我們所要瞭解的有，是要知道有是依心而有，離去了心，有就不可能存在。

所以，究竟說來，一切有唯是心。心又是什麼呢？心就是本性之用，本性是空，那麼，從性空中現起的心用——有，必然也是空。瞭解到有是空，這是我們明白有的目的。如此的有，才是真正的有、完全的有，溶現象予本體的妙有。

衆生性空，見性也就是見空了。那麼，從何處去見空呢？從有中見空，所以說：明心見性，明白心——有是空，便見得有之性。《維摩詰經．問疾品》說：「問：『空當於何求？』答：『當於六十二見中求。』又問：『六十二見當於何求？』答：『當於諸佛解脫中求。』又問：『諸佛解脫當於何求？』答：『當於一切衆生心行中求。』」①這段經文正可以證明從有中見空的道理。

為什麼有是空？如何見有是空呢？從法相唯識學中，我們可以得到很清楚的瞭解。

第二節　依唯識明心

一、唯識與百法簡介

唯識學主要在解說宇宙內的一切法，皆依「識」有，萬法都是識所變現，因此說「唯識」。

如何見得呢？唯識學將宇宙內的一切法，濃縮在一百法內，以百法來含攝一切法。這百法又可分為五個單元，即心法、心所法、色法、不相應行法、無為法。

心法有八：眼識、耳識、鼻識、舌識、身識、意識、末那識、阿賴耶識。這八個心法又叫「八識」，是凡夫妄心的八個功能。

心所法有五十一：觸、作意、受、想、思；欲、勝解、念、定、慧；信、慚、愧、無貪、無瞋、無癡、精進、輕安、不放逸、捨、不害；貪、瞋、癡、慢、疑、惡見；忿、恨、覆、惱、嫉、慳、誑、諂、憍、害、無慚、無愧、惛忱、掉舉、不信、懈怠、放逸、失念、散亂、不正知；惡作、睡眠、尋、伺。「心所法」是凡夫心理上的各種感情現象，其中，觸等五法是遍行一切境界中的；欲等五法則不然，所以叫作「別境法」，就是說有些境界中沒有這五法；信等十一法是「善法」，貪等六法是屬於惡的「根本煩惱法」，忿等二十法是隨著六個根本煩惱而生的次等煩惱法；惡作等四法不一定是善或惡。

色法有十一：眼根、耳根、鼻根、舌根、身根和色、聲、香、味、觸、法塵。

不相應行法有二十四：得、無想定、滅盡定、無想報、命根、衆同分、生、老、住、無常、名身、句身、文身、異生性、流轉、定異、相應、勢速、次第、十方、時、數、和合性、不和合性。

無爲法有六：虛空無爲、擇滅無爲、非擇滅無爲、不動無爲、受想滅無爲、真如無爲。

這五位百法中，心法即識，由八個識變生心所法；又由第八識心王生色法，並受心所法的影響而存在；再由心法、心所法和色法的和合以及差別作用，而有不相應行法。至於無爲法則是依心、心所、色、不相應行等有爲法而顯現，沒有有爲法，又從何處安立無爲法？因此，一切法都不能離識而有，所以說萬法唯識。

二、識變的說明

識爲什麼有那麼大的功用，能夠生起宇宙萬有，執持萬有的存在呢？

原來，識就是見分，而見分在無始之前，本是靈明精妙的真心。由於真心性空，但性空當中卻有靈明之用，寂而常照，因此說真空妙有。後來，妙有——真心迷於性空，取外空爲相，真心便墮入相——無明範圍內成爲見分了。見分是依相而有的，便只能見及相方面，又由於真空本來就能爲妙有，如今，受到無明所覆障，這靈明妙用就不知止息了。

於是，從最初的純一相分，再妄分爲二，成立同異，同異之間，互相擾亂，相待生勞，勞久發塵，便又自相渾濁，而引生了塵勞煩惱，從此就起爲世界（參看《楞嚴經》第四卷）。由於有了世界，真心妙用，就更加不知止息了，便取界爲身，自居於內。這時的相分，已不是最初的細相分，而是粗相分了。最初的相分只是空境，現在的則是色境了；同樣的，見分也就分爲八種不同的功能，成爲八識。

其實，色與空，都是真心妙用迷於真空，變爲見分的妄化虛現，實際上是不存在的。何以見得呢？比方：禪宗行人，在參禪參到明心見性時，便會有「虛空粉碎、大地平沈」的現象產生，色與空都不存在了；再如：依修證而有神通的人，就能變色爲空，出入山河大地無礙，又能變空爲色，在虛空中行住坐臥，這不就表示色的非實有，和空的可以成爲色嗎？

既然色——萬有的非實在，那麼，萬有的存在也就不是有自性的存在，但由於真空的能爲妙有，和空的可爲色，也就不妨宇宙萬有的存在。同時，真心妙用既然妄爲見分，見分又妄爲八識，一法也就受這八識的執持而存在了。

三、第八識變生心法和色法

八識如何變現萬有，和執持其存在呢?這必須從第八識阿賴耶談起。

阿賴耶是八個識當中的根本識，前七識都是依它而有，它內變根身，外變器界，是宇宙人生的本體。這本體因爲「妄爲明覺」，起爲無明，成立相分，又依相分轉靈明妙心爲見分，便成了阿賴耶識。然後，見分又由於無明的關係，再轉相分爲器界，更取界爲身，自居於內，執界身爲我，如此，就又變生了第七末那識；依著第七識再變現第六意識，和前五識。從此就可以知道，五位百法中有二位：心法和色法，是第八識所變現的。

依第八識而有第七末那識。末那識的性質是執著，從見分取界爲身，自居於內，認身是我，見分和我結合，便成了第七識。第七識有四種主要作用：癡、見、慢、愛，由於這四種作用都是依我而生起的，所以又叫做我癡、我見、我慢、我愛。

四、心所法產生的過程

有了第七識，就一定會有第六意識，因爲第七識乃是第六意識的根。第六意識所以變現了一切心所法，主要的，乃是來自於第七識。

由於第七識依見分執身爲我，又執著相分——第八識所變現的色法爲實有；身體是我，自然就必須善加保護它，注意有沒有外來的東西會傷害到身體，侵害到我的主權，如此，就有了（變現）觸、作意、受、想、思等五偏行的心理活動（心所法）。

觸就是接觸的意思，外法必須與我接觸才和我有關，不然，便與我毫不相干。這觸也就是人身的五根——眼、耳、鼻、舌、身和合色、聲、香、味、觸、法，然後，生起眼識、耳識、鼻識、舌識、身識乃至意識才有的感覺作用。這時，知道有外物侵入我的範圍了，於是，引起了心理上的注意（即作意），在注意的同時，心裡也就納受了外物在我的範圍內的存在。外物既然存在，便要瞭解它，就有了「想」的心理活動，想的深入便成了「思」。想只是表面上的以心取相（境），心隨相轉，引生了聯想、回憶等；思則是深入的以心依相，對相作意志上的抉擇研究，追問：「是這樣嗎？」

第六識在變現了五偏行的心所法後，便又引生了別境的欲、勝解、念、定、慧等五法。

因為，闖入了我的範圍內的外物，經過了想思之後，已經有了決定的認識，知道那些是對我有益的，那些是無益有害於我的，或者是既無益也無害、無所謂的東西。於是，對有益予我的，就生起了接納之「欲」；有害予我的，就生起了排斥之欲；無益也無害的，便不生欲念。由欲便又引生了「勝解」。勝解就是對於欲念作為的決定印可，認為那樣作是對的，於是，明記是事，不再忘失，即「念」；念著是事不散失，就成專一，便是「定」；由固定、不變，事理清楚，不會再懷疑這將作的事情，就是「慧」了。

外物本來是沒有善惡差別的，但當它闖入了我的範圍內，便以有益予我和有害予我爲主，將它們判定成善惡兩類了。但是，在偏行五法當中，善惡還未成立，到了別境五法，善惡才成立。因此，又引生了屬於善的十一心所法，和屬於惡（煩惱）的二十六心所法。

「善」的心所法是從有益予我的法（外物）當中產生的。因爲有益予我的，心理便與之和合納受，獲得增利而喜悅，自然就產生了善良的心理活動。這就是善的心所法；相反的，如果是有害予我的法，豈能讓它損傷我？便要驅除它，而與之敵對、相抗，也就自然的產生了煩惱的感覺，這煩惱卻是有害予自身的，所以說是「惡」的心所法。

這是很矛盾的，人們對於有害予我的法加以排斥，這種行爲在本質上是有益予自己，但在行爲當中，卻產生了有害予自己的煩惱。如此，就免不了要令自己產生懷疑了：我這樣作對嗎？有時候，在造作當中感覺煩惱時，心裡不禁後悔：我實在不該這麼作！如此，便又引生了心所法當中的四不定法之一的悔（惡作）了。

「不定」的意思便是說，這四個法：悔、睡眠、尋、伺，可能是善，也可能是惡。比方：作了惡事後悔，這悔便是善；作了善事後悔，這悔就成爲惡了。睡眠也是一樣，睡眠本來是身體和精神所必須的休息，但如果睡太久了，則顯得懶惰、怠倦，這睡眠便是惡；反之，適當的睡眠，能消除疲勞，使我們精神愉快，這睡眠就是善的了。

由於要驅除惡法的欲善反帶來惡果，和悔、眠的可益予我又可害予我，便又引生了尋、伺的心所法。「尋」就是尋求、推度分別，瞭解我要這樣作是對？還是不對？尋的深入便是「伺」，就是對所要作的事，做很細的偵察、推度，來決定是對或不對。爲什麼這二法也是不定法呢？乃是因爲，如果尋伺的對象——所要作的事是惡的，這尋伺便是惡；相反的，尋伺的對象——所要作的是善事，這尋伺便是善。

從前面的說明，就可以知道，五十一個心所法，都是由第六意識所變現才有的。

五、不相應行法和無為法的由來

那麼，不相應行法，又是如何的呢？是依色法、心法、心所法和合而有的。比方：得——獲得或成就；獲得或成就，必須依靠著人才有，例如：他獲得了什麼，他有了成就。他，就是指人，人是身體和精神的組合，身體即色法，精神即心法，獲得成就乃是從人心理的感覺而有的，這感覺便是心所法了。其他：如無想定、命根、生、老、名身……等等，總共二十四個不相應行法，都不能離開色法、心法、心所法而有。因此，不相應行法乃是色、心、心所三法和合變現的。

至於這二十四法，所以叫作不相應行法，乃是因為：它們不同於心所法的隨心法的生滅而生滅，但又不同於無爲法的無生滅，這二十四法還是有生滅的，所以稱爲：不相應於心生滅的生滅法。

五位百法的最後一位是無爲法，無爲法則是依心法、心所法、色法、不相應行法才有的，依此有爲法才有無爲法。因爲，有爲法的盡處就是無爲法，比方：擇滅、非擇滅、不動滅、想受滅等，其中的「滅」字，便是滅除了有爲法的意思；虛空和真如等無爲法，雖然原本就有，但還是不能離開有爲法。虛空、真如就是有爲法的名字，沒有這有爲法的名字，誰又知道有虛空、真如呢？

到此，五位百法的由來，都已經說明了。接著，必須進一步來瞭解：一切法唯識的道理。

六、萬法唯識的說明

「唯識」的真意乃是說：一切法，只是識的變現，表面上看來，令人覺得好像有，實際上呢，法是空的，識才是真實的存在。

譬如：爲什麼會有色法？乃是第八阿賴耶識的變現，變現之後，又靠著前七識的作用才有。所謂色法，不外是人體上的眼、耳、鼻、舌、身和外境的色、聲、香、味、觸。它們所以能夠存在，除了第八識的變現之外，還靠著第七識的執身爲我，才將一味和合的色法分開，身體就成爲內色；我又執著見分成爲我見，見分向外去見色，身外色便和內色相對，才有了色法的感覺。我見向外去見色，必須靠著內心的眼、耳、鼻、舌、身，但只是有這五根的內色，還是不知道有色的存在，必須再靠依附在五根上的五識：眼識去了知色法，耳識去了知聲法，鼻識去了知香法，舌識去了知味法，身識去了知觸法，如此，才知道有色法的存在。然而，單只是五識的了知色法，色法的存在還是不能清楚、明瞭，必須有第六識和第七識的分別、思量，色法才成爲不可懷疑的存在了。

由此可知，色法是從第八識所變現，再由前七識緣著的維持才有的。如果第八識變現了色法，前七識不緣取——也就是說：假使我們沒有第七識的我見向外去見色，沒有第六識的思量分別於色，沒有前五識：眼不知色、耳不知聲、鼻不知香、舌不知味、身不知觸，試問：怎麼會有色法的存在呢？這不就是「法」在實際上是沒有的證明嗎？法所以有，乃是依著識才有的，有識的存在，才有法的存在。

除了色法是八識心法所變現的之外，心所法也是八識所變現的。因此，實際上，心所法也是不存在的，它的存在乃是依著識，其實只是識，並沒有心所法。

不相應行法是依心所法、色法和心法而有。既然心所法和色法，根本上都沒有，只是識，如果識——八識心法也沒有了，又從那裡有不相應行法，如獲得、時間、數量、文字相（文身）等等呢？可見不相應行法，實際上也是空的，它的有是依識才有，其實，只是識。

而無爲法又是依不相應行法、心所法、色法和心法等有爲法才有的。既然不相應行法、心所法、色法都非實有，那麼，有爲法就只有心法（識）了，如果心法——八個識都沒有了，不安立無爲法之名，如此，誰會知道有虛空、擇滅……等無爲法呢？可見，無爲法也是依識而有的，它的存在，也只是識的變現存在。

這就是萬法唯識的理由，因爲一切法，其實都是空的，識才是有。

七、明心在唯識

既然一切法——有爲法、無爲法都是空的，爲什麼我們會感覺有諸法呢？乃是因爲：一、是識所變現，二、是識所緣的關係。

然而，我們要知道，識所變現的，只是識影。這影子怎能說是一個真實的存在呢？猶如一個人站在太陽下，受太陽所照，地上便現出一個人影來，我們能夠說：這人影是一個人嗎？但也不能說，沒有人影，只是影是依人而有，人才是實在的，影子只是人所變現出來的假有，實際上只是一個人；同樣的，識所變現的，只是識影，識是真實，影是虛假，不應把識影和識分開，看作另外一個真實存在的法。影不離識，因此，影只是識。

所以，心所法是心識作用中所現出來的影，怎麼能夠說是真正有的呢？色法是心王第八識所現出來，由前七識所緣而有的，也不能說是真正的有；心不相應行法，則更由識本身和識影——心所法、色法和合才有的，是識影的影，更不能說是真正存在的了；無爲法雖然不是識所變現的，但卻是依識和識影才顯現的，也不能說是真正的有。

識雖然會變現，但所現的影卻是不知自己，法不知法，怎麼知道自己的存在呢？一切法乃是通過了人心的感覺才有，而這感覺正是識的作用。

所以，有識的變現，識的所緣（感覺），我們才知道有諸法。但識變現的只是識影，識影又是依人心（識）的感覺，才知道它的存在。因此，人們不可捨本逐末，迷昧了真有的識，妄認幻化虛假的影子（法）是有。

人們所以不能明心，便是受到心理上各種現象的誑惑，妄認心影為有，甚至將心影認作心，對它起了徧計所執，一直在影子中打轉，妄想也就越來越多，不能止息了。如今，我們知道一切法唯是識，便不會再被一切法所誑惑。捨離了心所（心理現象），一切去也就止息下來了。如此，才能進入明心的階段。

八、八識的本源

心有真心和妄心，妄心即凡人的八識。其實這八識，前七識都從第八阿賴耶識分出，如果再深入說來，全部八個識，只是見分的八個功能，並非是八個東西。

八識只是一個見分。因爲有相分——無明空相的存在，見分和相分對待，便成立了第八阿賴耶識，後來，見分就成爲心法的前七個識；相分被見分所作用，即成了色法，而心所法便是見分（心法）和相分（色法）互對作用時，所變現而有的。五位百法當中，較爲真實存在的，就是色法和心法。色法是有形相的物質，有形相便可見，如青、黃、赤、白；長、短、方、圓，物質又能障礙空間，因此，令人有實在的感覺；心法雖非有形相，但它是人體內能見的作用，這作用恆久不變，同樣令人感覺到它的真實。其他：心所法、不相應行法、無爲法，不過是人心概念的存在，是虛幻不實的。

可是，究竟說來，識也不是真實的，只是在和法對比之下，法是假有，識才顯出它的真實。一旦離去了所有的法，識沒有對象，也就不能存在，八個識便回復為一個見分。由此來說，識也只是個假有虛現的，只有見分——能見的作用才是真正的有。

見分可以說是八識之主，依著它才有八識。但，因為有見分的存在，就還有相分；有見分、相分，就未脫離第八阿賴耶識的範圍。只是，阿賴耶識乃真妄和合識，它的識性已不像前七識那樣明顯。

因此，從法空沒有對象而消除了前七識之後，剩下來的見分，已到妄源，相當接近於真心，所以顯得非常真實。依此見分來說，一切法是空，自然不用說了，就是識，也是空的，只不過是見分本身的幻現。如果說，一切法只是識影；同樣的，識也只是見影，不是真的。

九、見分也是空

可是，「見分」就是真實的嗎？不！見分還是相分——無明空相才有的。但空本非有，因此，空相又是依見分的妄執，才成為相而有，只要見分知道空非有，相分便消失了。相分消失，見分無對象，就不可能發生作用，見分也就消失了。

因爲，見分本來是真心的功用，真心性空，所發出的作用——見分，也只是空影，自然是空的。從前，受到無明相分的連累，不能復原，才妄化、空生了世間一切法，但，都不是實在的，就像前面所說：心所法、色法、不相應行法、無爲法，皆是依心法——八識而有，八識又依見分而有，見分卻又依真心性空而有。

見分，就是世間一切法的根本了，這根本還是依他而有，並且所依的還不是有，是空。試問？這見分怎麼會是真實的呢？它是空所變現的，就如一切法是識所變現的，一切法便是識的影；識是見分所變現的，識又是見分的影；見分是性空所變現的，見分也就是空影了。那麼，依這空影——見分而有的識和法，豈不成了空影的影中影了？所以，一切法乃是幻化虛假的，萬有只是空，應當無可懷疑了。

述說到這裡，一切法——萬有是空的道理，已經很清楚了。

知道有是空，便是明白了心，包括妄心和真心，兩者都是空的，如從水泡是濕的，而知道水性也是濕的。能夠明心，就能夠見性，因爲見性便是見空性，既然是空性，便只有依空，才能見得了。依有明空，理解上的成份較多；依空見性，則必須將有是空的理解，完全化爲實際，空不再只是道理上的，而是實際上的了。如此，才能證見本性。

那麼，這要怎樣才能達到呢？必須依靠般若了。

第三節　依般若見性

一、般若簡介

「般若」是能夠使人證悟到本性，令人不爲宇宙人生現象所迷，從而獲得解脫的大智慧。這大智慧也就是空的智慧——從知道諸法皆空所產生出來的智慧。因此，般若經典主要的，便是在談空，令閱讀者在了達空之後，依著空的知見，來對治和消除一切虛妄幻有的法，以及對法的執著，使身心皆空，相應於空性，而得以證入。

修行人要見性，最好能廣閱般若經典，尤其是六百卷的《大般若經》，道盡了般若要義，不可嫌多，應隨所能的去閱讀它。單是閱讀流行的《心經》、《金剛經》，未免太少，難以了盡般若。

一般將般若分爲三種：文字般若、觀照般若、實相般若。談論般若道理的語言書刊，就是文字般若；依般若道理起爲內心的智慧行爲，也就是修行，便是觀照般若；再依觀照功夫的深入，而相應契入了真心本性，所得的即實相般若。

換句話說：空的智慧，有文字上的、觀照上的、和實相上的三種；文字上的是所依，實相上的是所成，觀照是能依和能成。可見般若是不能離開觀照的，也就是說：空是不能沒有修行的，離開了修行來談空，空將不可得。

二、空觀的修習

般若既然需要觀照，那麼，觀照的對象和目標是什麼呢？對象就是法，目標便是空，令一切虛妄的法都能回復它的本來面目，也就是觀照一切法都是空。空觀成就，才能契入本性。如此，要見性非得空觀成就不可了。

空的重要性，從此可見，也因此，使得佛經當中，談空的般若經，數量最多，般若也被稱爲諸佛之母，從般若出生十方三世諸佛。

但空的瞭解並不容易，必須先對諸法之所以空，下過研究的工夫，瞭解既然不容易，觀空又怎能馬上就獲得成就？因此，不得不將空觀分成三個步驟，來次第修習，即假、空、中。先修假觀，然後進入空觀，再入中觀。

三、空觀次第修習之一——假觀

爲什麼要先修「假觀」呢？因爲，如果不知道一切法是虛假、幻化的，如何放得下而空了？比方：《金剛經》談論到最後，就歸結於：「一切有為法，如夢幻泡影，如露亦如電，應作如是觀。」②這四句偈說的就是假觀。

爲什麼以談空爲主的《金剛般若經》，談到最後，竟會歸結於假觀呢？這無非在告訴我們：修行者要進入空門，必須先了達有爲法爲虛假不實的，然後才能不取於相，而入於空。江味農居士的《金剛經講義》說：「此是全經經旨絕大關鍵，亦即學佛者緊要關鍵。」③江味農居士並說出他自己的經驗：「不慧學佛以來，前二十年，雖修種種法，作種種觀，毫無進步。一日於此四句偈忽若有悟，依此修觀，初亦若即若離，若明若昧，未成片段，並無甚效。繼悟應於一切境緣上，極力作意以觀察之，雖一極小之事，或極順心，或極不順心之時，皆以如夢幻等道理印之，即修持佛法，亦以如夢幻等道理印之，行住坐臥不離這個。如是久久，雖予不取於相、如如不動功夫尚淺，然實從作此觀起，此心漸覺空空洞洞，於一切境相，漸能無動於中，看經時心裡便覺高些，念佛時亦覺踏實些。今請諸君試之，必有受用，當知博地凡夫，欲迴光返照，捨此無下手處也。」④讀者如果想進一步知道這四句偈的道理，可參閱該書的註解。

總之，當我們被諸法，如色、受、想、行、識等五蘊或色、聲、香、味、觸等五境所困擾時，就必須觀照，這法是虛假的，像夢幻泡影，並非真實。如此，就不會受其誑騙，而感到困擾，自然的，也就不會再妄取執著，不再生諸想思，內心也就空了。

當然，要觀照諸法是假，必須先知道諸法是假的原因。諸法爲什麼是「假」的？因爲，諸法皆由因緣和合、和衆生的心識變現而有，離去了因緣、心識，那裡還有諸法？就是因緣和心識，也是無自性——空的。從空現起的諸法，自然不會是真實，只是空花幻影，因此是假。

四、空觀次第修習之二——空觀

修習假觀的目的，是要進入空，所以不可長久停留在假觀中。假觀只是一種方便對治，不可執爲實法，例如：當我們內心在妄想某件事時，就必須警覺觀照：所想的那件事是假的，既然是假的，不是真有其事，我們還想它作什麼！自然妄想就會當下息滅。如果在妄想息滅了後，再繼續生念觀照那是假的，便成了多此一舉，反而成爲障礙了。

所以，在修習假觀之後，知道了諸法是假，而息滅了取著和妄想，內心只剩下微細的妄念，這時候，就應該捨假觀而修空觀了。

「空觀」的修法就是：當內心有了妄念浮起，感到困擾時，就必須觀照：這妄念是空的。空的怎麼會來困擾我們呢？都是內心無知，妄認空為有而生執著才發生困擾，如今，因觀照而知道妄念是空，不但能除去困擾，也使妄念消失了。因此，空觀是對治妄念的方法。

五、空觀次第修習之三——中觀

當空觀修習之後，知道了妄念是空，而止息了妄念的時候，便必須再捨空觀，轉修中觀。如此，才能相應於本性，而得契入。

因為，本性雖然是空，卻能緣起而現有，可見本性並不是完全空無。那麼，是有嗎？也不是，因為緣起的一切法又是無自性——空的，所以，本性也不是有；空而宛然有，有而畢竟空——不是空，也不是有。因此，著空著有都不對，必須空有都不著。這空有都不著，就是中。

中觀的功夫，是要比假觀、空觀深細的多了。假、空兩觀只是亡「所」而已，「能」大都還是存在的，中觀則從知道「所」非有，而直接的去亡「能」，不令著於有和空。因爲，不但有執著會變成所，空執著了也會成爲所，既有所，便有能，能所對待，能所便是物（法、相），如何是空？就是無所但存能，能亦是物，也不是真正的空，必須能所不立、能所俱泯、能所皆亡，才是到達了真正的空。這是絕諸對待的空，不是與有相對的空，而是空有不二的空。中觀的目標便是在此。經由中觀的修習，才能夠進入般若——真正的空。因此，龍樹菩薩所造的解說般若空的論，就叫作《中論》。

那麼，中觀要如何來修習呢？就是不認一切有（諸法）是有而著於有，同時，亦不認空是空而著於空，但也不認有是空、空是有，而著有是空，或著空是有；諸法性相怎樣存在，就讓它怎樣存在，法法本來寂滅，衆生常處涅槃。所以，中觀不破壞諸法，只要不著。凡夫認有是有，認空是空，當然是著；修行人滅有存空，認空是有（實在），同樣是著，一旦有著便有對待，已經是邊，不是中了。

因此，中觀必須在不著當中才能達成。空有固然是非空非有不可著，就是中，也是方便安立的假名，並非實有的，所以，中也不可著。最後，不著亦不著——不即不離，然後，進入言語道斷，心行處滅的境界，才是中觀成就⑤。

六、契入空只在不著

假、空、中三觀的修習，是爲了契入空，有時候，只要能夠達到空，也可以不按照三觀的程序修。例如：當心中有妄想，而以假觀息滅了之後，當下心裡無念，便是空，空而不著，便是中。如此，可以更直接的契入空。

實際上，要契入空並不難，只要不著。能夠不著，就無須再修習假、空、中三觀，因爲這三觀乃是用來治執著的。有妄想執著，才修假觀以去除；有妄念執著，才修空觀以去除；執著了空，才修中觀以去除，如果能不著，空、妄念、妄想便不能存在，又何用觀照呢？因此，空的契入，重點只在不著，不著就成了般若的心，也是修行人見性的關鍵處了。

七、不著的修習

但是，「不著」可不是那麼容易做到的，不信的話，可以試試看，做得到嗎？因此，在能夠不著之前，必須有過一番的修持，然後，功夫和見地都成熟了，才能夠不著。

所以，《大般若經》開頭便說：「修習般若的人，應該圓滿修習三十七菩提品、三解脫門、四禪八定、九想、十念、十一智、四無量心、六度等法。」⑥這也就是佛教的修行以戒、定、慧的原則來進行的原因。由戒來助成定，只要禪定成就了，再不著於定，就容易入於無漏，般若慧現前，初步修行便已完成。

由於不著的不容易，因此傳言，佛在說了阿含、本緣部等經典之後，看看弟子們的根機已成熟了，才說般若經典。《般若經》的目標便是破相顯性，而這必須從不著當中來達成。所以，爲了達成不著，經中便廣說、重說了許多許多的空理。因此，《般若經》內容的繁複，是有名的，主要的在於令人從對空的領悟中，而能不著。

從另一個角度來說，不著是要有相當的慧力才做得到的，而慧從修觀來，假、空、中三觀的修習，正可以增强智慧，由慧力的增强，然後能夠不著。如此，三觀的修習又成爲必須的方便了。

八、諸法空但有假名

只要有足夠的慧力，不著就容易了。因爲，一切法本來就是空，色空、受想行識空，聲香味觸亦空……。

《大般若經》卷四〈學觀品〉說：「色自性空，不由空故；色空非色，色不離空，空不離色；色即是空，空即是色。受、想、行、識自性空，不由空故；受、想、行、識空，非受、想、行、識。受、想、行、識不離空，空不離受、想、行、識；受、想、行、識即是空，空即是受、想、行、識。」⑦

《大般若經．相應品》也說：「舍利子！是諸法空相，不生不滅，不染不淨，不增不減；非過去，非未來，非現在。舍利子！如是空中，無色、無受、想、行、識；無地界，無水、火、風、空識界；無眼處，無耳、鼻、舌、身、意處；無色處，無聲、香、味、觸、法處；無眼界，無耳、鼻、舌、身、意界；無色界，無聲、香、味、觸、法界；無眼觸，無耳、鼻、舌、身、意觸為緣所生諸受；無無明，無無明滅，無行、識、名色、六處、觸、受、愛、取、有、生、老死愁歎苦憂惱生，無行乃至老死愁歎苦憂惱滅；無苦聖諦，無集、滅、道聖諦；無得，無現觀；無預流，無預流果；無一來，無一來果；無不還，無不還果；無阿羅漢，無阿羅漢果；無獨覺，無獨覺菩提；無菩薩，無菩薩行；無佛，無佛菩提。……」⑧

所以，不但世間法空，出世法亦空；有爲法空，無爲法亦空。無有衆生，無有諸佛；無有生死，無有涅槃；無有自性空；總之，無我，亦無我所。既然無我，誰是能著？無我所，一切法空，什麼是所著？既然是無能著所著，怎麼會有不著容易與非易呢？都是顛倒知見所產生的顛倒行爲，求之皆不可得，無有著與不著。

但是，既然一切法空，無我、無我所，爲什麼會有我和衆生等一切諸法？乃是因爲真心被無明所障，妄見空爲有，執空成相，而妄想分別安立種種名稱才有。其實，真心本空，見分只是空影，所見的既是空，便是不存在的，不存在的怎能有相？既無相而不存在，又怎能有諸法？因此，諸法在根本上是不存在的，它的存在只是假名的存在而已。

《大般若經》卷四說：「菩薩但有名，般若波羅蜜多但有名，色但有名，受、想、行、識但有名；眼處乃至耳、鼻、舌、身處但有名，色處乃至聲、香、味、觸但有名；色界乃至聲、香、味、觸、法界但有名，眼識界乃至耳、鼻、舌、身、意識界但有名；眼觸但有名，耳、鼻、舌、身、意觸但有名；眼觸為緣所生諸受但有名，耳、鼻、舌、身意觸為緣所生諸受但有名；地界但有名，水、火、風空識界但有名；因緣但有名，等無間緣、所緣緣、增上緣但有名，從緣所生諸受但有名；無明但有名，行、識、名色、六處、觸、受、愛、取、有、生、老死愁歎苦憂惱但有名；布施乃至六度但有名，四念住乃至二十七品菩提支但有名，空乃至無相無願三解脫門但有名；苦諦乃至集滅道聖諦但有名，四禪乃至四無量心、四無色定但有名……極喜地乃至菩薩十地但有名，如來但有名；五眼、六神通但有名；如來十力，四無所畏，四無礙解，大慈大悲大喜大捨，十八不共法，三十二相，八十種好但有名，一切智、道相智、一切相智、一切智智但有名；永拔煩惱習氣相續但有名，預流一來不還阿羅漢但有名，獨覺菩提但有名，一切菩薩行但有名，諸佛無上正等菩提但有名；世間法但有名，出世間法但有名；有漏法但有名，無漏法但有名；有為法但有名，無為法但有名。舍利子！如我但有名，謂之為我，實不可得；如是有情、命者、生者、養者、士夫、意生；作者，使作者；起者，使起者；受者，使受者；智者、見者等等，亦但有名，以不可得、空故，但隨世俗假立客名；諸法亦爾，不應執著。」⑨

所以，世出世間的一切法，都只是依著世俗名稱才存在，而名稱又是依妄想分別而有，妄想分別——想蘊、識蘊則是空的。那麼，依空而有的名字語言，又怎會是真實的呢？因此，名也是空的。

諸法但有名，名又是假，如此，諸法怎會是有？所以，諸法皆是空。

九、所修能修皆空

既然一切法皆是空，我們在用功時，就不必去注意諸法和所修是否相應。例如：修空觀時，不必去管色、受、想、行、識等蘊，或色、聲、香、味、觸等五境是否空了，因爲，色——身體的存在；受——所感受到的苦樂；想——妄念想思；行——各種意志與感情；識——內心的了知分別，都是無常而空幻不實的；外在的顏色、聲音、香臭、美味、觸受等一切法，也是空幻不實的，都不必去理它。

同時，諸法既然是空，用功時也就不必去觀察諸法——如色、受、想、行、識，眼、耳、鼻、舌、身、意，色、聲、香、味、觸、法，地、水、火、風四大，以及四諦、十二因緣、四禪八定、六度、菩薩十地……等等是有的或非有的，是常的或無常的，是苦的或樂的，有我或無我的，寂靜或不寂靜的，空或不空的，有相或無相的，有欲或無欲的，遠離或不遠離，有爲或無爲，有漏或無漏，雜染或清淨，生死或涅槃，已生或已滅；更不觀一切法是在內、在外、在中間或在十方，可得或不可得……。

甚至諸法既然是假、是空，還修假觀、空觀作什麼？因此，諸法是假，不必再修假觀，觀一切法是假；諸法是空，不必再修空觀，觀一切法是空；既是空了，沒有對待，便是中，也不必再修中觀。

進而不見我在修行、坐禪、用功，也不見有所修的法。能修的我，所修的法，但有假名，求之了不可得，皆是空，因此，無有諸法。於是，不觀諸法，不見諸法，不修諸法，「一種平懷，泯然自盡。」⑩更不必管著與不著、空或不空了。

由此，離開對待兩邊，中亦不著的用功下（用功亦不可得），自然逐漸的進入空、無相、無作而得到解脫。因爲諸法空，空中必然無相，空本身亦非相。因此，用功時心不可取著相，如文字語言、六塵境影、妄念生滅等都是空的，並非真實。我們覺得有，乃是由於見病（見惑），才於空無中妄見有，其實是沒有的。所以，不可被空花幻影所誑惑，執空爲相——空是無相的。

了達了諸法空、無相，無我、無我所，內心便不會再生欲求。於是，貪愛心滅，不再造作，息滅了一切心行。

實際上，心行不可得，息滅亦不可得；無作不可得，無相不可得，空亦不可得。不可得中自然解脫，因爲無作、無相、空既不可得，諸法更不可得了。諸法既然不可得，解脫也就不可得。因此，沒有解脫——人與解脫都不可得，不可得亦不可得。如此當能進入見性了。

十、見性的內容

那麼，「見性」的情形是怎樣呢？就是見分融入於空性，也可以說是見與性合。性又是空，因此，又是見與空合。和合中，見即是性，性即是見；見即是空，空即是見——見與空，一體無異，寂而能照，照而常寂；隨用隨寂，雖寂能用，是個寂滅靈知，而能寂照同時。

因此，見性的境界，不是空，也不是有。所以，要見性的人，不可住空，也不可住有，空有皆不可住；住有，便被有縛，住空，又被空縛，都不能見性。當然，見性以後，能夠空有不二，乃至空有皆不可得——非空非有，如此，住空住有便皆是無住，那就不在話下了。

其實，說到見性，也是爲了度化衆生，所安立的方便言說，根本上，是無性可見，亦無能見者。因爲，如果有性可見，便有對待，非是究竟；如果有性可見，性便是有爲法，不離生滅，見它又有何用？並且，「我」既不可得，「見分」又是空影；無我，無見分，誰是能見者？同時，性既是空，見分又是空影，影從相分而有，相分又只是由無明而妄見的空相。既然相分是空，便是沒有形相——根本上不存在的，不存在的又怎能有相？因此，是無相的。

空既然是無相的，依空而有的相分，也就不能存在；沒有相分，依相分而有的見分亦不可得，見分只是個空。空又是性，如此，見分早已和空性融合，換句話說：我們早已見性了。見從未離開性，又何必再見性？見性只是方便言說，但有假名，毫無實義。

但在俗諦方面，卻不能說沒有。因爲，如果沒有見性，古來禪宗的祖師大德，便是騙人，他們的明心見性，豈非走火入魔了。甚至連釋迦佛陀的教說也成問題了。所以，見性不是說沒有。

見性也就是證入諸法實相；實相清淨無垢，光耀非常，晝夜長明，便是實相般若，又叫做道。這是無始之前的境界，不能以有始以來的語言文字、意識想思所描畫和測度的；實相常離語言文字相、與意識心想相——不可說、不可念，難以思議。

但是，話說回來，無始即有始，實相常在現象中，道不離我們的日常生活，馬祖道一禪師說：「平常心是道。」⑪道是在平平常常的生活中，不可離了日常生活，而去求玄求妙，如此，都是背道而馳，「道不用修，但莫污染。何爲污染？但有生死心，造作趣向，皆是污染。若欲直會其道，平常心是道。謂平常心，無造作，無是非，無取捨，無斷常，無凡無聖，經云：『非凡夫行，非聖賢行，是菩薩行。』」⑫換句話說，要眠即眠，要坐即坐；熱即取涼，寒即向火，自然而不造作的心，就是平常心。修行人能將身心安放在此平常心中，自然，「一種平懷，泯然自盡。」身心脫落，見與性合，就能契入實相中。然後才知實相非相，雖入而卻是不入；無有解脫，正是解脫；也沒有平常心，只是中；中也不可得，不可得亦不可得。……

①見《大正藏》一四冊五四四頁下。
②見《大正藏》八冊七五二頁中。
③見屏東東山寺印《金剛經講義》一五六頁。
④同前《金剛經講義》一五四頁。

⑤有關中的道理，可參考智者大師《修習止觀坐禪法要·證果章》，《大正藏》四六冊四七二頁中下，以及僧璨大師的《信心銘》，《大正藏》四八冊三七六頁中。
⑥見《大正藏》五冊十二頁上。
⑦見《大正藏》五冊十七頁下。
⑧見《大正藏》五冊二二頁中。
⑨同註⑧十七頁下、十八頁上下。
⑩見《信心銘》，《大正藏》四八冊三七六頁中。
⑪見《指月錄》九四頁下，新文豐公司出版。
⑫見《指月錄》九四頁上下。

結語

本文從上篇對無我的研究，以至中篇、下篇無我和空觀的修習，主要的，都是爲了對治、和去除我們對幻有的執著。

「幻有」包括我們的身心五蘊，以及外在的世界。人們所以會執著它們，乃是由於不知道它們是虛妄不實的，因此，要消除執著，必須先瞭解它們。而客觀世界的存在，是依著主觀的我們身心才存在的，只要主觀泯除，客觀也就隨之湮滅了。所以，上篇只針對主觀的我人身加以研究，瞭解到身心等五蘊中，是無我的，無我就是無自性——沒有能夠主宰自己存在的本體。如此，五蘊的存在，自然就是虛妄不實的了。

自中篇起，直到下篇，似乎寫了很多，也比上篇複雜的多了，有些地方，難免還有重複之處。這乃是因爲：在筆者親身修行的體驗中，覺得事修是很不容易的，道理的瞭解並不難，難的是我們的所作所爲——身、口、意三業的不違背於理，而能和理相應，這實在不是容易的，非得下一番功夫不可。所以《楞嚴經》說：「理則頓悟，乘悟併銷，事非頓除，因次第盡。」①中篇與下篇寫了那麼多的原因，就可以瞭解了。

等到事修與理相應，內心達到無我——空觀成就了，幻有便消失，心裡也就不再有執著，如此，便能進入空的境界。

這是全文的重點之一——如何達到無我與空。

那麼，人是否只是無我（空）呢？人身心等五蘊自然是無我的，但，人底生命只是五蘊嗎？除此五蘊之外，就沒有其他的存在了嗎？答案當然是不！這在大乘佛教如來藏系的經論中，已說了很多，譬如：在妄心之外，提出了真心；無我之外，提出了我的存在（見《大般涅槃經》），以及對佛性和明心見性的肯定。

所以，空並不是真正的解脫，也不是見性，空只是明心見性的必備條件，必須藉著空而見性，才是真正的解脫。

如此，要怎樣藉著空見性呢？在空的境界中，唯一不空的，就是本性了。因爲空使得一切虛妄、不實在的都消失了，能夠不消失的，除了真實、恆常不變的本性之外，還會是什麼呢？平常，談到見性，一般人總會不清楚：「我的自性在那兒？如何去見呢？」而在空的境界中，當下便是自性的存在。

爲什麼說：在「空」的境界中，當下便是自性的存在呢？因爲，從修行的立場來說，真正的空，是不能存在的，空的內容就是什麼都沒有，所以，空就是不存在的表示。不存在的空而能夠存在，乃是由主觀上的認識所付予的存在，並非客觀上真實的存在。

因此，「空」能夠存在，必然有個「不空」的來被它所依靠，由於有不空，空才能夠存在。如此，在物我皆空當中，唯一不空的，自然是人們的本性了。

所以，修行只怕空不了，如果能夠真正的空了，真空的當時，便是不空——佛性的存在，那時就有可能證入。

這也就是：為什麼被稱為諸佛之母的《般若經》，內容只是一味的談空。因為修行人能夠真正的達到空，就可以成佛了，譬如《般若經》中流傳最廣的《心經》，整篇談的不外是空的道理，從空中達到無五蘊、無六根、無六塵，乃至無十八界、無十二因緣……但無至最後，便是：「依般若波羅蜜多故，得阿耨多羅三藐三菩提。」②從此，又可以瞭解到：般若並非只是空，空只是個方法，不是目標，必須空至「得阿耨多羅三藐三菩提」，目標才達成。所以，一般說般若談空，為的是「破相顯性」。

但是，《般若經》是不談佛性的，然而，不談佛性並非否定佛性的存在。《般若經》中是以空代替了佛性的名詞，《大般若經》三十七卷說：「真如不離空，空不離真如；真如即是空，空即是真如。」③真如便是佛性的異名。所以，真如即是空，就是指佛性是空。

為什麼說佛性是空呢？這可能有多種的含義，但大要不外是：佛性必須經由空——空除了內心的妄想、煩惱、執著才能顯露，然後，當下便是佛性，不怕不能成佛。因此，空是成佛的直徑，由空可以直接通到佛性中。

同時，有感於凡人的執著習氣重，如果說人有個佛性在，人們可能會執著於它，如此，就成了「偏計所執」，而所執著的乃是意識觀念，並非是佛性本身。佛性不是有爲法，它是無形無相的，豈能讓我們所執？一有執著，就會障礙我們到達空，而不能實證到佛性。所以，般若要說佛性亦空，以去除我們對它的妄想執著。

唯識學的說法也是一樣，不但說偏計所執相無性、依他起生無性，就是圓成實性也是勝義無性的。圓成實性便是指我們的佛性。佛性是真真實實存在的，不可說無，但如果執著了圓成實性是有，圓成實性便成了偏計所執。因此，要瞭解圓成實性是無形無相，非空非有，不可執著的。

這也就是本文所以在上、中兩篇裡，只談及無我，到了下篇，配合修行進度的需要，才相對於安心，談到了真心；依我而談了無我，使佛性略微顯露，但文末還是再融入於般若的空。

可是，又怕修行人執著了空以爲究竟，才又在前面説了有個不空的佛性存在，必藉著空而超越空，進入不空的佛性中，才是究竟的解脫。

其實，話再説回來，這都是一種方便設施，用來治執著的，根本上，空與不空都不是佛性，佛性非空非不空；不可思議，言説不得。所以，談空也好，不空也好，主要是，要使我們達到無著而絕言絕慮，然後才能和佛性相應。

而在修行的層次上來説，空是幻有的突破，見性則是空的再突破，從此進入非空非有、即空即有的境界，超越現象，又能常處於現象中；生死便是涅槃，煩惱即是菩提。這就是解脫。

①見《大正藏》一九冊一五五頁上。

②見《大正藏》八冊八四八頁。

③見《大正藏》五冊二〇七頁中。

主要參考資料

12 成唯識論講記……演培著 慧日講堂出版
13 唯識史觀及其哲學……法舫著 天華出版社出版
14 唯識讀本……楊白衣著 慈恩出版社出版
15 景德傳燈錄……大正藏第五一册

附錄一

生命的真相——從無我空到達解脫

駱　飛

本文的題目，是慧廣法師兩本弘揚佛法的專書名稱。合起來連成一貫，便是一個極具參考價値的專題，所以我用它作爲閱讀心得報告的命題。我是讀者而非作者，故特書明於題下，我寫本文時，到底是讀者還是作者，連自己也搞不清楚了。閒話休題，言歸正傳。

我一向愛讀佛書，尤其愛讀古今出家法師的論述、釋義或箋註大作。原因很簡單，他們是出家僧人，已破名利慾念，而有所著述，無疑皆是爲了利他，欲以化度羣迷也。動機既然如此純正，其內容必有可觀，殊無疑義。往聖先賢的大作，諸如僧肇的《肇論》、三祖的《信心銘》，與及慧遠、蓮池、智者、蕅益、紫柏、憨山，及近代宗師：虛雲、印光、太虛，……等大師的論述，處處發人深省。指點迷津，無不是人生之至寶也。

再當我讀完他們的論述，總會合起書來默想：這些祖師大德，分明是菩薩再世，亦是人間的聖賢也，若能聘為國師或大學教授。那該多好，可惜往往都被當代人所忽略了，真是衆生福薄。

有些人慨嘆當代無善知識，自從我看過《星雲大師講演集》、聖嚴法師諸著作，以及道源長老的佛堂講話，和《慈航演講集》（編案：圓明出版社出版者，名為《菩提心影人生篇～慈航菩薩演講集》）等書之後，深覺歷代名師輩出。關鍵在於我們是否有緣與當代明師的著作接觸罷了，可以說當代佛法明師，多得不可勝計。上面所提到的不過九牛之一毛；還有《妙雲集》巨著之印順大師、和太虛大師暨道安……等，我都讀過他們的著作，皆獲益不淺。

所以，我認為佛門大德當代多的是，就看我們是否有緣相遇。譬如：我得見《生命的真相》（編案：已由圓明出版社編入《生活禪話》文庫第五冊）、《從無我空到達解脫》二書，乃菩薩庇佑之緣也。數月前我到台北佛學書局去買書，那兒的法師送我一本《光明之友》（雜誌）。內有「慧光佛學創作徵文啓事」，而得知旗津偏僻地區，竟亦有此盛事，隨意寫了一篇〈法鏡圓明照大千〉短文寄去。未想到因而得識慧廣法師之名，並從《慧光》雜誌中獲悉他有著作發表，這二書的名稱，正是我學佛多年所要尋找的答案。

生命的真相爲何？古往今來，多少哲學家、宗教家、聖賢豪傑、出世高人，無不皆想一探究竟。書名已夠吸引人的了，怎可不一睹爲快？妙的是另一本書的書名：《從無我空到達解脫》，正好解答了這個問題。這豈不就是生命真相的答案嗎？真是妙哉。

這兩本小書一是《慧光文庫》印行，一是旗津佛教居士林印贈。合起來兩百多頁而已，表面看來與一般書籍無異常；再看目錄內容，以亦無甚特出，都是老生常談的題目，只因其所列舉的項目深合我心，正是我學佛多年屢欲求得綜合答案的結論，所以我特別細心閱讀。

首先拜讀《從無我空到達解脫》一書，發現慧廣大師（應如此稱呼才是）他單刀直入毫不留情，絲毫不考慮讀者能否接受，就直說：「人無我，萬法皆空。」否認了「我」的存在，並指出色、受、想、行、識五蘊皆空。這些問題，雖然一般其他佛學書刊也經常談到，但總是拐彎抹角的談，而不如慧廣大師那麼直截了當、乾淨俐落。可見他不是寫給一般初學或信心不具足的人看的。而是接引學佛多年而尚未解脫的人，言淺義深，非深思不能明其要。

閱讀之始我見他一味說「無我」說「空」，還以爲他亦與有些人一樣執空非有呢。甚至還在書中加註：「假我，亦是我；假有幻有亦是有，並非絕對空無啊！」繼而一想他身爲法師，這些淺顯的道理，他沒有不知的道理。也之所以連「假有」、「假我」都一字不題，只說「一切法空、無我」、「我不存在」，必定有原因。於是仍繼續細心讀下去，直到了全書的末尾；「明心見性」、「空觀修習」——假觀、空觀、中觀及結語時候，才畫龍點睛般的指出「空有不二」、「真妄一如」，使我心中疑惑頓釋，深深覺得這是一本極好的書，非筆墨所能形容也。書中妙義無窮，不勝枚舉，有緣讀者，不妨細細品嚐。

很多高僧大德，接引後學，各有其獨到的手法。譬如：聖嚴法師，對參加禪七的人，往往罵得你一文不值：「你以爲你是誰？你不過是一隻用兩腿走路的妖怪罷了，身裡身外不是大便、就是汗臭，有那一樣是清淨聖潔的？」初聽諸類的話語，會覺得法師太不留情面了，人家一心一意來參禪跟你學道，怎可把參學的人罵得一文不值，簡直不是人呢！然而凡對參禪稍有心得的心，便知法師婆心過切，他在替你破執也。慧廣法師直言無我，乃至說「我不存在，一切法空」，使你無所憑著，因而見到真正的自己本來面目，亦可作爲與聖嚴法師的罵人，等量齊觀。

余生也幸，在學佛途中，每當有疑難急待開釋之時，往往會適時而獲得明師之開示。這種明師有古人也有今人，有世間人也有夢中人。記得我曾深深相信「諸識是妄」，這句話，這是經典有依據的，事實幾經參容亦確是如此，諸識皆妄非真也。但夢中卻有人告訴我下面這句話：「諸識非妄，著識爲妄。」真是妙哉斯言。我相信這種妙語，亦一定唯識學中的經典有據，只是直到如今，我尚未見到而已，但無論怎麼說。後者已比前者圓融勝妙，殊無疑義也。因爲識的本身是識無所謂真妄，妄在我們計較去著是非罷了，若不執著，還有什麼真妄之可言？

慧廣大師的另一本著作，叫做《生命的真相》，是短篇佛學作品的彙編，書名只是其中之一短文而已。這本佛書，有些論述更可補充前書之未盡言者，如〈生命的意義〉、〈佛法的人生觀〉、〈我的探討〉，都與前書《從無我空到達解脫》的主題有關。對我個人獲益最深的是〈談佛法的涵義〉一文。

在此我得鄭重推介反覆說明的是：慧廣大師的文章，表面看來平淡無奇，其所探討的題目，亦是佛法中常見，幾乎是所有學佛人，盡人皆知的平常事，甚至你我凡會寫文章的人，都可拿起筆來寫。然而，在大師的筆下，其所表達的真義不在語言、文字中。他不是人云亦云，不是爲寫文章而寫，而是爲接引開悟學人而寫。因此讀他的文章，還得用點心思去參究才成，當然對佛學的素養，還須具備一些根底，否則將不得其門而入，如果讀者能窺見其堂奧，將會覺得太深了。但話又說回來，如果皆是膚淺之見，又何需動筆？

在〈佛法的涵義〉一文中，他談到宇宙人生的本體及其相：「芸芸衆生只知相用，而不知其體，古今哲學家，一般宗教家，雖然想明其體，但卻用思惟想念心去探究，故其所得的只是本體的概念，對於本體的真面目連邊也摸不到！」這些話說得一點也不錯。千古以來哲學上唯心、唯物之爭，始終得不到結論，就是因爲他們執著於相用，有的以相爲體、有的以用爲體，而不知相用皆妄本空。必須在空中去與本體相會。這次我讀慧廣法師的大作，最大的領悟和收穫在此。

以前我對「體」與「相」的觀念混淆不清，以爲相是體，體就是相，雖曾聞說：「體是相之體，相是體之相。」但其真義至今才明白。至於「用」乃體之用，早已知之，但有時亦會誤以爲是相之用，而今明白體相用之關係以後，所謂「本覺」、「能覺」、「所覺」及「空」、「假」、「中」的道理，亦明瞭了。都是三而一，一而三，分開來說有體、相、用，合起來說，體、相、用皆空。這是因看了〈談佛法涵義〉一文，拆除了思想藩籬之後，所見的境界。

反觀古今中外一般思想家、哲學家，用妄想所建立的「銅山鐵壁」（慧廣法師語）過不了關，被困於此，真覺可憐！佛法爲什麼能超越此關呢？法師說：「說起來，確是不可思議，因爲不用過去，你本來就已經過去了。當我們用盡心思，想盡辦法，仍過不了鐵壁，那時只好承認自己失敗，於是，萬分疲憊的昏睡了。等到一覺醒來，竟然出現了奇蹟。嘿！我這不是在鐵壁的那一面了嗎？回頭看那鐵壁，似有似無的，再仔細一看，不禁要嘆息了，唉！如何上了自己那麼大的當？根本沒有壁，只是虛影，而自己竟然將之執爲「鐵壁」。世界本無事，庸人自擾之，我們自己執妄爲實，以假爲真，所以過了關，這又能怪誰？

在這一短篇之後，按著的一篇是〈生命的真相〉，真是巧安排，前篇所說的，就是這篇的命題呀！此文更短，夢中參禪與人對話。人家問他：「甚麼是生命的真相？」他回答說「生命是空，一切無非是空……。」那人再逼問他：「你說生命是空，那你這知道生命是空的知覺呢？它是不是空呀！」大師在夢中答道：「那是緣。」大師說他這答覆意猶未盡，但已盡在不言中，並非一定要寫出來。有緣讀者，當知其所指也。

綜上所述，可知這兩本書，令人讀之回味無窮，非比等閒之作也。特此爲文鄭重介紹如上，至祈讀者莫可錯過。真該慶賀，高雄旗津佛教居士林竟有《慧光文庫》，印行佛書，普利世人，真是希有盛事。

——原刊《慧光》雜誌第二十八期

附錄二

《從無我空到達解脫》讀後感

慧廣師父您好：

在朋友處，借來師父所著述的《從無我空到達解脫》一書，內容很如法、很究竟，使我初接近佛法的在家人，看完後，深深感覺人身的難得，與佛法的難聞。今我已得此書的啟示，昨日的迷，今日漸悟，成為我的轉捩點，今後即將更加精勤修學佛法，以達到離苦得自在。

從有到空，再從空到有，乃是個關鍵處，能如此則法自法，與我無關；六根不攀緣，何妨萬物常圍繞？能定而心不亂，妄念就會漸微細……。

我是在家人，因師父著作而使我開朗，感覺活得很自由自在。像此類之書，不知師父還有嗎？煩能介紹給我。

最後敬頌

法喜充滿

讀者　莊　合十

上慧下廣法師智鑑：

閱過《從無我空到達解脫》一書，獲益良多。書中破執之理，淺出深入，簡捷序整，將難解之文言經論，用明淺之文字，曉暢説出，可謂善弘義諦，俾益初學者也。

祝

法安

三寶弟子　陳　頂禮

慧廣法師慈鑑：

經閱讀法師所著《從無我空到達解脫》一書，有很深的感悟。從法師述、字行剖析中，似有若親聆教誨之親切，字字映入八識田中，時時影視而回味，頓覺法喜充滿，雖心不能大悟契入真如，然已能日常中，念起即覺，知幻即離。唯仍不免爲習氣所障，而難入於實性，歸見八識心王。法師是過來人，想已登彼岸，當不吝賜舟筏，引渡痴迷。

謹此　敬請

慈安

弟子　鄭××謹上

慧廣法師：您好

弟子研讀經典，從未見事持般若之次第，真有無法下手之嘆；求教大德，均答以：「老實唸佛！」唸佛始終也無法與禪定相連接，有時心靜時因唸佛妄念又起，僅唸個身頭分離，身體定了，腦袋妄念紛紛。禪坐後雖能知道夢境是假，卻多了一個我，有時還會互相對談，形同自言自語，在無對策之下，只得暫停修持，等待機緣。

現今有幸拜讀到大作《從無我空到達解脫》一書，實有說不出的歡喜！該書確是三藏十二部之精華，經典可不看，此書卻不能不看。特寫此信，聊表敬仰。祝

法安

佛弟子　范姜××

國家圖書館出版品預行編目資料
從無我空到達解脫／慧廣法師著. -- 初版. -- 新北市：華夏出版有限公司, 2024.02
面； 公分. --（慧廣法師作品集；002）
ISBN 978-986-5541-37-8（平裝）
1.佛教修持
225.87 109019603

慧廣法師作品集 002
從無我空到達解脫

著　　作　慧廣法師
出　　版　華夏出版有限公司
220 新北市板橋區縣民大道 3 段 93 巷 30 弄 25 號 1 樓
電話：02-32343788　傳真：02-22234544
E-mail：pftwsdom@ms7.hinet.net
印　　刷　百通科技股份有限公司
電話：02-86926066　傳真：02-86926016
總 經 銷　貿騰發賣股份有限公司
新北市 235 中和區立德街 136 號 6 樓
電話：02-82275988　傳真：02-82275989
網址：www.namode.com
版　　次　2024 年 2 月初版一刷
特　　價　新臺幣 320 元（缺頁或破損的書，請寄回更換）

ISBN-13：978-986-5541-37-8